南无阿弥陀佛是什么

—— 名著《叹异抄》入门

高森显彻

高森光晴

大见滋纪

《南无阿弥陀佛是什么》翻译组

Ichimannendo Publishing, Inc.
Los Angeles　Tokyo

This Is Buddhism: The Message of Tannisho (Chinese version)
By Kentetsu Takamori, Mitsuharu Takamori, and Shigeki Ohmi
Published by Ichimannendo Publishing, Inc. (IPI)
970 West 190th Street, Suite 920, Torrance, California 90502

Translated and adapted by the "*This Is Buddhism*" translation team

Cover design by Kazumi Endo
Photographs by amanaimages

First edition, October 2023
Printed in Japan

This book was originally published in Japanese by Ichimannendo Publishing under the title *Tannisho tte nandaro.*

Distributed in the United States by Ichimannendo Publishing, Inc. (IPI)
970 West 190th Street, Suite 920, Torrance, California 90502
Distributed in Japan by Ichimannendo Publishing Co. Ltd.
2-4-20-5F Kanda-Ogawamachi, Chiyoda-ku, Tokyo 101-0052
info@10000nen.com www.10000nen.com

ISBN 978-0-9601207-1-0

ISBN 978-4-86626-083-9

前言

被誉为二十世纪最伟大哲学家之一的海德格尔曾经说过，如果他能再早十年知晓《叹异抄》的话，哲学的历史想必会因此改变。他在晚年的日记中这样写道：

“今天，我通过英译本，第一次阅读了东洋圣者亲鸾的《叹异抄》。（中略）

“如果早在十年前就能知晓东洋有这样一位伟大的圣者，我就不去学习希腊语和拉丁语了。我会学习日语，聆听这位圣者的教义，并把传扬他的教义当作我毕生的事业。可惜，太晚了……（中略）

“日本人到底在做些什么呢?! 日本在第二次世界大战中战败后，宣言今后要以文化立国，为世界文化做贡献。要我来说的话，根本不需要什么宏伟的建筑物或是精美的艺术品，不需要其他任何东西，只希望日本人能成为让人感受到亲鸾圣人教义气息的人。

“不管是跟日本人做生意、还是去日本观光、或是看到日本的政治家，只要跟日本人接触，就能感受到他们知晓某种深邃的教义。希望日本人能成为这种散发出亲鸾圣人教义气息的人。

“这样的话，全世界的人就都会得知这个教义的存在，法国人将以法文，丹麦人将通过丹麦语，各自把这圣人的教义纳为己用。到了那个时候，世界和平的问题才会看见解决的曙光，21世纪文明的基础才能得以奠定。[*1]”

时至今日，《叹异抄》依然是很多哲学家、思想家关注的焦点。

这本距今大约700年前写下的书籍，据说是由亲鸾圣人（生平详见附录）的弟子唯圆所著，书中记载着亲鸾圣人的教义。

因此，要想理解《叹异抄》，就需要了解亲鸾圣人的教义。

海德格尔在日记中，甚至将亲鸾圣人的教义称为“解决世界和平问题的曙光”、“奠定21世纪文明的基础”。那么，受到如此盛赞的亲鸾圣人的教义到底教导的是什么事情呢？

“无论遭遇多大的痛苦，都不要放弃！你终将获得无比巨大的幸福。不分人种、性别、年龄、能力、贫富，任何人都能够平等地获得无与伦比的幸福，体会到生而为人的喜悦。”

这就是亲鸾圣人始终如一的教导。

然而，要了解亲鸾圣人的教义并非易事。事实上，能

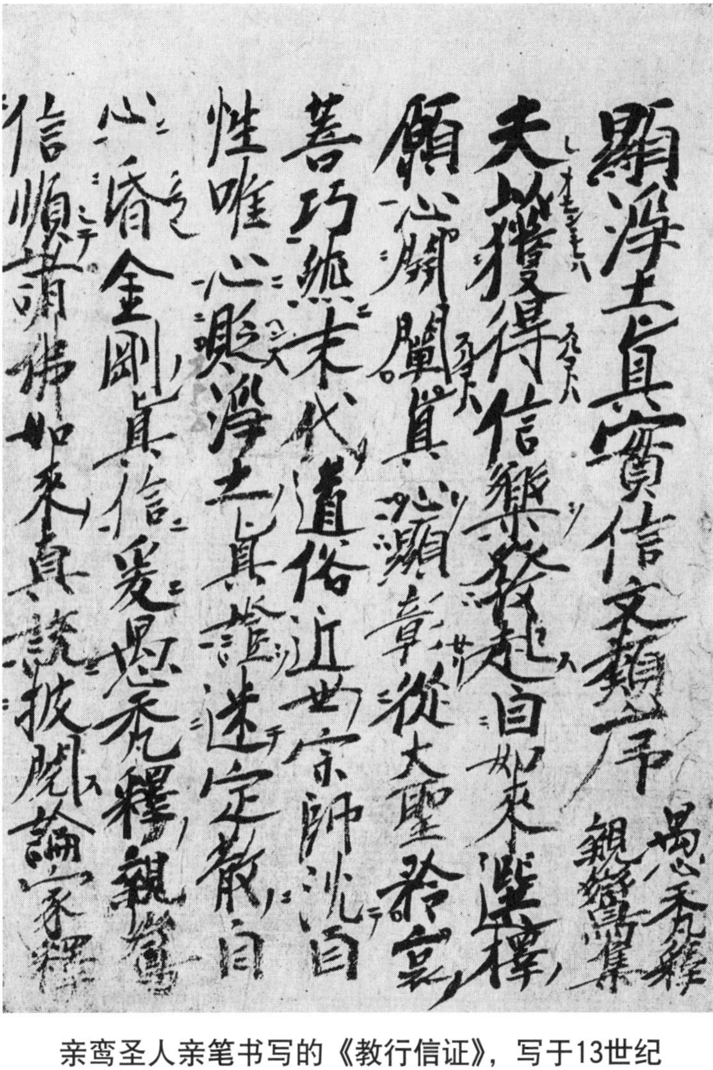
顯淨土眞實信文類三 序　愚禿釋親鸞集
夫以獲得信樂發起自如來選擇
願心開闡眞心顯彰從大聖矜哀
善巧然末代道俗近世宗師沈自
性唯心貶淨土眞證迷定散自
心昏金剛眞信爰愚禿釋親鸞
信順諸佛如來眞說披閱論家釋

亲鸾圣人亲笔书写的《教行信证》，写于13世纪

够读懂圣人在800年前写下的毕生巨著——《教行信证》，明白里面所写内容的人，只有一些顶级的佛教专家而已。

为什么会这样呢？因为《教行信证》

· 全都由古汉语写成

· 有很多佛教的专门用语

· 篇幅很长。

所以，如果不是对佛教研究很深的专家学者的话，恐怕连挑战试试的想法都不会有吧。

与亲鸾圣人所写的《教行信证》相比，由其弟子所著的《叹异抄》则具有以下特点：

· 全都由古日语写成

· 篇幅短小

· 文笔优美，读起来朗朗上口。

出于这些理由，很多人都会去读《叹异抄》。

不过，尽管《叹异抄》比《教行信证》更容易阅读，毕竟也是700年前所写的古文，而且还有很多佛教的专门用语，所以长期以来，《叹异抄》的读者都是以佛教学者、哲学家、文学家和知识分子为主。

但是，《叹异抄》里所写的内容，却是对古今中外的全人类而言都极其重要的事情。因此，为了让从未接触过

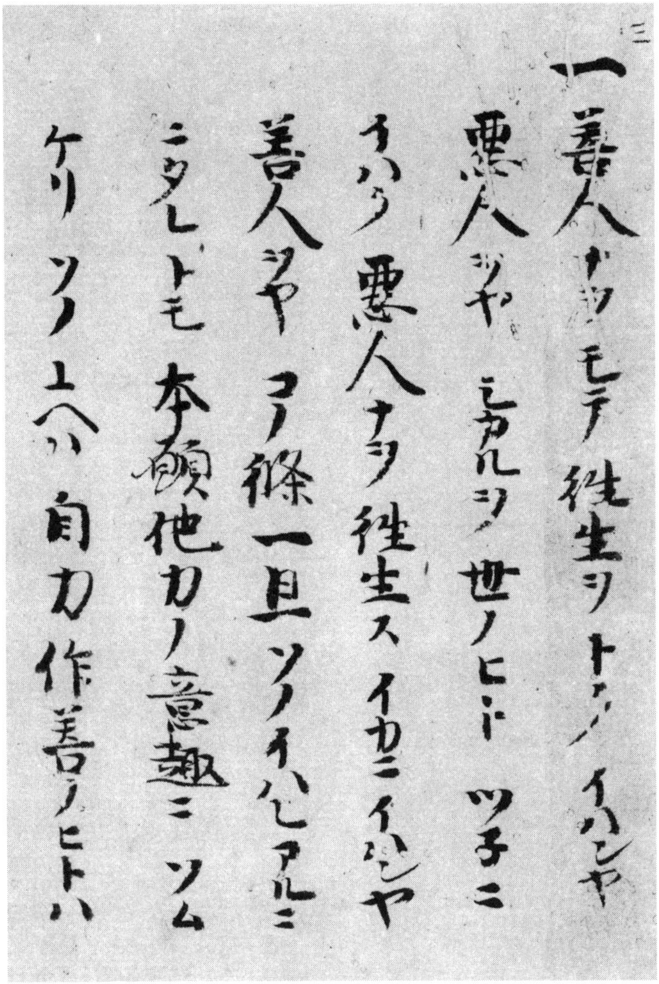

三

一善人ナヲモテ往生ヲトク イハンヤ
悪人ヲヤ シカルヲ世ノヒト ツネニ
イハク 悪人ナヲ往生ス イカニイハンヤ
善人ヲヤ コノ條一旦ソノイハレアルニ
ニタレトモ 本願他力ノ意趣ニソム
ケリ ソノユヘハ自力作善ノヒトハ

《叹异抄》中的一节（莲如上人手抄本）

《叹异抄》的人也能对此书有一个大致的了解，笔者写下了这本入门书。

本来，书中应举出佛教经典或是《叹异抄》的原文作为根据，否则可能会有读者质疑本书写的是否真是亲鸾圣人的教义。

但是另一方面笔者也担心，列举出一些连博学之士都不太熟悉的佛教词语,会不会让一般读者读起来感到吃力。

经过百般纠结，笔者最终决定不去引用佛教经典，以及《叹异抄》和亲鸾圣人著作的原文，而是致力于用现代文来表达佛教的内容。

如果有读者想要了解《叹异抄》原文所对应的现代文翻译，以及更为详细的解说，敬请参阅本书结尾所介绍的《开启叹异抄》一书。

著者记

— 目录 —

序章

让世界为之倾倒的名著

跨越时空、充满谜团的美文

一说到日本的古典名著，很多人都会想到《万叶集》或是《源氏物语》吧。但是，如果要举出一本被各个领域的知识分子争相谈论、相关解说书出版最多的古典名著，那就非《叹异抄》莫属了。

作为格调高雅的古典名篇，《叹异抄》与日本古典文学三大随笔（《方丈记》、《徒然草》、《枕草子》）相比亦毫不逊色，在日本可谓广为人知。

《叹异抄》写于镰仓时代（1185-1333）后期。书中生动地记载着把曾经专属于贵族与知识阶层的佛教，不分身份、性别，平等地传达给了所有人的亲鸾圣人的话语。

特别是“善人尚且得遂往生，何况恶人哉”这句话，大概很多人都曾在日本史或是伦理学的课堂上听到过，并留下了深刻的印象吧。

可以说，《叹异抄》之所以令人倾倒，不仅仅因为它有着行云流水般的文风、古典抒情式的优美词句，深刻的生死观以及超越善恶的人性观才是它独特的魅力所在。

一般来说，要想正确了解亲鸾圣人的教义，就需要阅读亲鸾圣人最重要的著作——《教行信证》。这部著作共有六卷，记载了亲鸾圣人的全部教义。但是，由于这六卷内容庞大且专业性极强，对于一般人来说难度太大，所以自明治时代（1868-1912）以来，篇幅短小而又文笔优美的《叹异抄》便走入了大众的视野。

与全都由古汉语写成的《教行信证》相比，《叹异抄》是由汉字加假名构成的古日语写成的,这应该是《叹异抄》让人们感到容易阅读的主要原因吧。

这本书被当作研究“亲鸾思想”的最佳入门书，在短期内就出现了大量的忠实读者。不仅是佛教学者，甚至连文学家、哲学家、思想家也都被其优美流畅的文字，以及颠覆常识、震撼人心的内容深深吸引。

“如果只带一本书去无人岛的话,我会带上《叹异抄》。”说这句话的，是日本著名作家司马辽太郎。

他还曾经这样说过：

“我完全不知道人死了以后会怎样。问别人，别人也不清楚。无奈之下，只好去书店，买了一本亲鸾圣人的弟子写的，记录着圣人话语的《叹异抄》。（中略）读了以后发现这本书有真实的气息。

“无论是听别人说话，还是读其他书籍，我都会感到有些空洞，总觉得有什么地方是假的。但是《叹异抄》却不会给我这样的感觉[*2]。”

“在十三世纪留下的文章中，最大的收获之一，无疑就是亲鸾的《叹异抄》[*3]。”

剧作家仓田百三也这样盛赞《叹异抄》：“在这个世界上，大概没有比《叹异钞》更致力于探求人类内心的著作了。（中略）而且文章还如此优美，堪称国宝级的美文[*4]。”

在西方哲学的基础上构筑了自己独特思想的西田几多郎，是日本近代哲学史上最有代表性的哲学家，他也是被《叹异抄》强烈吸引的读者之一。

据其弟子转述，在东京、横滨遭遇空袭之际，西田几多郎曾经说过：“即使一切书籍都被烧毁，只要留下《叹异抄》就足矣。”

而曾经师从西田几多郎、就学于京都帝国大学的哲学家三木清，据说也曾这样说过：“万卷书中，如果只选一卷的话，我会选择《叹异抄》。”

多年来，《叹异抄》一直畅销不衰。文学界和戏曲界，也都争相以《叹异抄》为题材创作作品。《叹异抄》中的思想，不仅深深影响了人文科学，甚至还广泛波及到了医学、科学等诸多领域。

500年前被封印

尽管《叹异抄》如此有名，却没有留下关于作者的记载。在今天，一般都认为是亲鸾圣人的弟子唯圆所著。

从文章中我们可以很容易地推测出，作者是一位具有卓越的文字表达能力以及深厚的佛教学识之人。

《叹异抄》全书共18章，每一章篇幅都很简短。

前十章记载了作者亲耳听到的亲鸾圣人的话语。文笔优美生动、扣人心弦，令人仿佛身临其境，能直接感受到当时的氛围。

从第11章到第18章，则是作者为了纠正错误的言论而写下的文章。亲鸾圣人去世后，有人四处散播圣人从未教导过的事情，还宣称自己讲的才是真正的亲鸾圣人的教义。唯圆看到这种情况，悲愤不已。于是含泪奋笔疾书，在这8章中通过明示亲鸾圣人的话语，纠正了这些谬误。

从这一点来看，《叹异抄》第11章之后的内容，可以说是与书名“叹异（叹息与圣人教义相异）”相关的部分。但是由于这些错误言论在今天基本已经不再是问题，因此原原本本地记载了亲鸾圣人话语的前十章,实际上才是《叹异抄》一书的精髓。

然而讽刺的是，原本是为了阐明亲鸾圣人的正确教义才写下的《叹异抄》，到了后世，却也成为了圣人的教义被歪曲、误解的主要原因。

会出现这样的结果,理由只有一个。那就是,因为《叹异抄》中有很多有悖常理的、令人震惊的表达方式，所以对亲鸾圣人的教义缺乏正确理解的读者，就会以自己的想法肆意解释，其理解往往与真正的教义背道而驰。

大约500年前，将亲鸾圣人的教义传遍整个日本的莲如上人（生平详见附录），比任何人都更早觉察到了《叹异抄》中潜藏的危险。莲如上人因此封印了这本书，并告诫说:“不要让对佛教理解浅薄之人阅读”。

然而到了明治时代（1868-1912),《叹异抄》被解除了封印。《叹异抄》一流传到世间，当时在近代化的洪流中深感困惑的青年们便相继受到吸引。

在大正时代（1912-1926),《叹异抄》也引领了一代潮流。随后，昭和时代（1926-1989）揭开序幕，日本进入了战争时期。对于切实感受到死亡阴影的昭和初期的人们来说,《叹异抄》更是成为了他们心灵的归依。

据说，从明治时代开始直到今天，在正式出版的书籍中，书名中冠有叹异抄三字的书籍已经达到了500多册。

如何从零开始理解这本书

但是近年来，开始有人觉得《叹异抄》看起来难懂而对其敬而远之。这大概不仅是因为现代人对古日语已经不太熟悉，还因为书中使用了很多平常少见的佛教词语。

比如，在《叹异抄》第1章的开头，就这样写道：

信“被弥陀誓愿不思议所拯救，必遂往生”，欲念佛之心发起之时，即获摄取不舍之利益也。

（《叹异抄》第1章）

像这样，文章从一开始就提到“弥陀誓愿”，之后也接连出现了很多佛教用语。

因为《叹异抄》这本书，当初就是以读者对亲鸾圣人的教义有所了解为前提写下的。

所以，如果不了解亲鸾圣人教义的全貌，也就无法理解《叹异抄》。

因此，对于今天第一次接触《叹异抄》的读者来说，要想对《叹异抄》有一个大致的了解，首先就需要了解亲鸾圣人教义的全貌，这是非常重要的。

那么，亲鸾圣人教义的全貌到底是怎样的呢？

其实，这也可以说是《叹异抄》的全貌。

为了让大家能够理解亲鸾圣人教义的全貌，接下来笔者将介绍一个譬喻故事。

相信大家依照这个譬喻故事的脉络，了解亲鸾圣人教义的全貌之后，再去阅读《叹异抄》的话，就会觉得这本令全世界为之倾倒的古典名著一下子亲近了很多。

【有助于理解《叹异抄》全貌的譬喻故事】

【1】有一个得了难治之症的患者，所有的医生都束手无策，放弃了对他的治疗。

【2】出现了一位介绍人，将世界上唯一一位名医的存在告诉了患者。

【3】名医发誓说："如果不能查明这个得了难治之症的患者痛苦的根源，并彻底治好他的话，我就舍弃自己的生命。"

【4】名医历经无比漫长的岁月，费尽千辛万苦，终于制成了特效药。

【5】吃下特效药，难治之症被彻底治愈，患者非常高兴。

【6】难治之症得以痊愈，患者深深感谢名医和介绍人的恩情，情不自禁地说出感谢的话语。

在下面的章节中，将依次为大家解说从【1】到【6】分别比喻的是什么，这也就是《叹异抄》的全貌。

第 1 章
难治之症的患者

第 1 章

难治之症的患者——所有人

↓

名医的介绍人

↓

名医

↓

特效药

↓

痊愈

↓

道谢

有助于理解《叹异抄》全貌的譬喻故事，第一个要点。

【1】 有一个得了难治之症的患者，所有的医生都束手无策，放弃了对他的治疗。

这个得了难治之症、被所有医生都放弃治疗的患者，比喻的是古今中外的所有人。

亲鸾圣人告诉我们，“所有人都是因罹患两种难治之症而在痛苦着的恶人。”

虽然是有两种难治之症，但是亲鸾圣人详细教导说，其实可以分为“无法治愈的难治之症”和“能够痊愈的难治之症”。

正确理解这两种难治之症的差别，对于我们正确了解《叹异抄》来说，是极其重要的事情。

无法治愈的难治之症——欲望、愤怒、愚痴

首先，所有人都罹患的“无法治愈的难治之症”是什么样的疾病呢？让我们先听一下亲鸾圣人的讲解。

亲鸾圣人告诉我们，所有的人从出生的时候开始，就罹患了“烦恼（佛教用语）”这个难治之症。

所谓烦恼，就是让我们感到烦扰苦恼的心。佛教告诉

我们，每个人都有108个烦恼。日本寺院在除夕之夜敲钟108下的习俗，就是从这里来的。

在《叹异抄》里，烦恼这个词也多次出现，是一个关键词语。

而在108个烦恼之中，特别是“欲望”、“愤怒”、“愚痴”这三个烦恼尤其让我们痛苦，所以被称为“三毒烦恼”。

无限扩张的“欲望之心”

三毒烦恼中，第一个是“欲望”。没有的话想要拥有，拥有了又想要得到更多——像这样无限扩张、永无止尽的烦恼就是欲望。

我们人，有着各种各样的欲望。其中尤为强烈的欲望，就是食欲、财欲、色欲、名誉欲、睡眠欲这“五欲”。

食欲，是指想吃爱吃的食物、想喝喜欢的美酒饮料的欲望。这是非常强烈的欲望，甚至会有人语带寂寞地笑着说，“人生的快乐唯有美食”，“自己就是为了下班回家后的那一杯小酒而活着”。

然而，食欲其实并没有那么简单。为了满足这个食欲，我们不知道会做出什么样的事情来。

下面这个例子因为太过残酷而不忍详述，据说在第二次世界大战中，东南亚战场的日本士兵，曾经由于极度饥饿而杀死战友分食人肉。

如果被逼到了绝境，食欲甚至会把人变成魔鬼。而这样可怕的食欲，存在于我们每个人的心里。

接下来的财欲，是指追求金钱物质的心。

这是说，我们的心里总是在不停地拼命计算：怎样才能够增加自己的财产，怎样才不会让自己亏本，怎样才能省下更多的钱……等等。

第三个是色欲。这是每天都在引起各种纠纷的爱欲烦恼。恋爱自不待言，外遇、三角关系等各种情感纠葛都是源于这个欲望。

第四个是名誉欲。这是想要得到别人夸奖，获得他人的认同与好评的心。

第五个睡眠欲，是指想要睡觉，想要轻松、偷懒的心。

如果没有了食欲和睡眠欲，我们就无法活下去。如果没有了财欲和名誉欲，我们大概会丧失动力，变得什么都不想努力。

然而另一方面，我们又会觉得，自己就是因为每天都被欲望驱使才这样苦恼，如果没有这个欲望，生活该会是多么平静……

无论拥有什么，痛苦都不会消失

大约2600年前，在印度讲说佛法的释迦牟尼佛告诉了我们欲望的实相："如果没有田地和房屋，就会为追求这些而痛苦。而如果拥有田地和房屋，又会因为管理和维持而痛苦。其他的一切也都是如此，不管是拥有还是没有，同样都是生活在痛苦之中。"

无田亦忧欲有田，无宅亦忧欲有宅。

有田忧田，有宅忧宅。牛马六畜、奴婢钱财、衣食什物，复共忧之。有无同然。

（释迦牟尼佛）

牛马六畜、奴婢钱财、衣食什物，这些在现代都属于不常使用的词汇，其实简单来说，就是与衣、食、住相关的财产。

释迦牟尼佛所讲的"有无同然"就是说，金钱、财产、名誉、地位、家人等等，没有这些人们会因为没有而苦恼；一旦拥有，又会因为它们而产生别的苦恼。不管是拥有的人，还是没有的人，同样都无法得到满足，痛苦和不安都无法断绝。

●两种难治之症

难治之症

1. 无法治愈的难治之症

2. 能够痊愈的难治之症

所有人，都罹患两种难治之症。
正确知晓这两种难治之症的区别，
是理解《叹异抄》的关键。

就像是在证明这一点一样，我们时常会听到知名人士自杀的新闻。“诶？那样的人，怎么会……”他们明明拥有才能、金钱、名气等令人称羡的一切，却痛苦到无法活下去的程度。

释迦牟尼佛还告诉我们，拥有的人是被“金锁链”拴着，没有的人是被“铁锁链”拴着。

不管材质是金的还是铁的，被锁链拴着的痛苦的实态都不会有丝毫改变。

听到这里，可能会有人感到奇怪:“没有的痛苦我能够体会，但是说拥有也会感到痛苦，总觉得难以理解。”

然而仔细想想，如果跟古代的人相比，我们其实已经算是拥有很多的人了，不是吗?

比如说，直到江户时代（1603-1868）为止，就连各地最有权势的诸侯出行时，能使用的最舒适的交通工具也就是轿子而已。

跟今天的汽车、新干线、飞机比起来，轿子冬天冷、夏天热，一整天都要坐在里面摇来晃去，而且移动的距离也相当有限。

虽说骑马会更快一些，但是骑马不仅和坐轿子一样无法防寒避暑，连风霜雨雪都遮挡不了。

然而，尽管今天的我们比古代诸侯所过的生活还要方

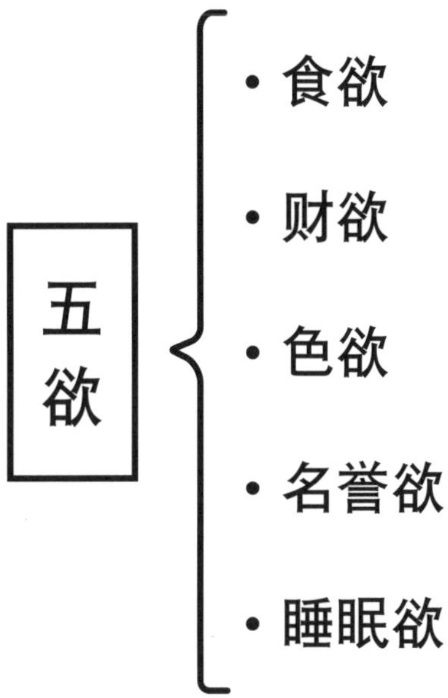

驱动人类的5种欲望。

便舒适，但是我们却并没有因此感受到多大的幸福喜悦。

那是因为，人的欲望是无穷的，不管拥有多少金钱、物质，生活变得多么方便、舒适，都永远无法得到满足。

虽然得到想要的东西，可以使我们暂时感到满足，但是由于欲望没有穷尽，这个满足很快就会转换成不满。

得不到满足时会渴望，得到了满足时又会加倍渴望。这就是欲望的实态。

欲望的本质是自私自利之心

而且，由于欲望，我们人都是“自私自利”的，会因此造下很多罪恶。

自私自利，指的是背弃他人的冷酷无情的心——只在乎自己的利益得失，不管周围的人会变成怎样。

出于这颗自私自利的心，我们谋求的都是自己的利益：想要金钱，想要物质，想要得到他人的夸奖、认同，想要得到更多更多……

当这无穷的欲望受到阻碍，别人挡了自己的路时，“只要这个人不在了”、“只要那个人消失了”这种冷酷的杀人之心就会喷涌而出。

不管对方是父母、兄弟，还是恩人、挚友，只要妨碍了自己的欲望，就会对其冒出可怕的念头。

虽然说，为了不让别人觉察到自己这些可怕的想法，我们会拼命地隐藏。但是，潜藏在根底的欲望却会时不时喷涌而出，让我们说出不该说的话语，做出不该做的事情，其结果，就是给他人带来困扰，让自己造下可怕的罪恶，为此痛苦、后悔不已。

欲望受到阻碍就会出现的“愤怒之心”

当欲望受到阻碍时，就会出现“愤怒”这个烦恼。

“都怨那个家伙，是他让我亏了本!”

“都怪这个家伙，是他让我在众人面前出了丑!”

愤怒的火焰会于瞬间升腾起来，剧烈地燃烧。

因为愤怒，我们会说出不该说的话语，造下伤害他人的罪恶，最终留下的唯有悔恨和痛苦，不是吗?

对他人的不幸暗自窃喜的“愚痴之心”

接下来是名为“愚痴”的烦恼，指的是嫉妒、怨恨的心。

这是嫉妒比自己优秀的人，对于对方拥有的才能、美貌、金钱、财产、名誉、地位感到郁闷不快的心。

看到公司里和自己同期的人先升了职位，比自己晚来的后辈处处受到照顾，或是家里的父母总是对更优秀的兄弟姐妹寄予厚望，心里就会觉得不舒服。

此外，对他人的不幸暗自窃喜，这种令人毛骨悚然的如恶魔一般的心也是愚痴。比如，看到因遭遇灾难而痛苦悲泣的人，嘴上说着“真令人同情”，心里却在暗中偷笑，幸灾乐祸。这种冷酷无情的心也是源于愚痴。

日本有一句谚语，“别人的不幸甜如蜜”。说的就是存在于我们每个人心底的丑陋的愚痴之心。

佛眼会看穿我们的心灵深处

可能有人会认为，只要不在嘴巴和身体上表现出来，只是在心里想想也没什么吧。

但其实，在《叹异抄》亲鸾圣人的教导中，最为重视的就是心。

为什么比起显露于外的身体和嘴巴的行为，亲鸾圣人更重视看不见、摸不着的心呢？

那是因为，身体和嘴巴都是依照心的指示在行动的。

比方说，有些可怕的犯罪行为，既有直接在现场犯罪的人，也有指使他们去犯罪的幕后黑手。法官在判刑的时

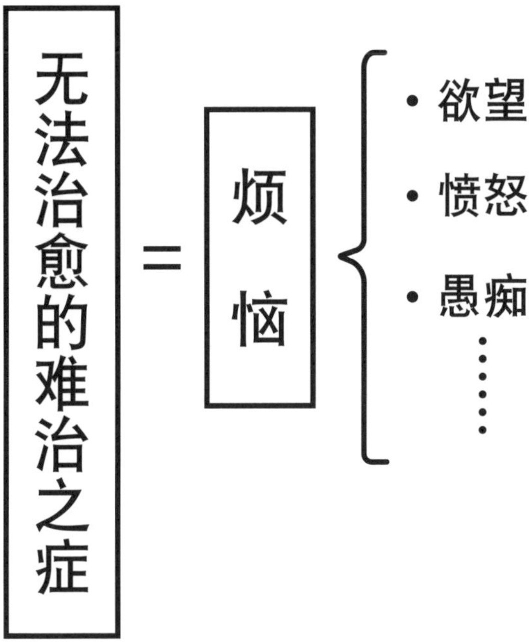

所有人都是由烦恼构成的，除了108个烦恼别无其他。
这一点不会因为时代、人种、年龄的不同而改变。
烦恼到死为止，都既不会减少，也不会消失。

候，不会是把在现场犯罪的人判成重罪，却将指使他人犯罪的幕后黑手无罪释放吧。因为指使他人犯下可怕罪行的幕后黑手，才应该被判处最严厉的刑罚。

身体和嘴巴，就像是在现场直接犯罪的人，而给予指令让其行动的，就是心。

用火灾现场来比喻的话，心就像是火源，身体和嘴巴的行为，就像是从火源飞扬的火花。

如同火花是从火源飞扬起来的，身体和嘴巴的行为都可以说是心的外在表现。

因此，就像是灭火要把重点放在火源上一样，佛教也总是把视点放在心的活动上。

亲鸾圣人告诉我们，所有的人都是因罹患了“烦恼”这个不治之症而痛苦的“心的恶人”。

所以在《叹异抄》里，把因为108个烦恼而一直造下罪恶的全人类，都称为“恶人”。

因此，《叹异抄》里所说的恶人，和人们一般所说的触犯了法律、或是违背了伦理道德的恶人，含义是完全不同的。

这指的是从可以看穿人心深处的佛眼中看到的恶人。

●心才最重要

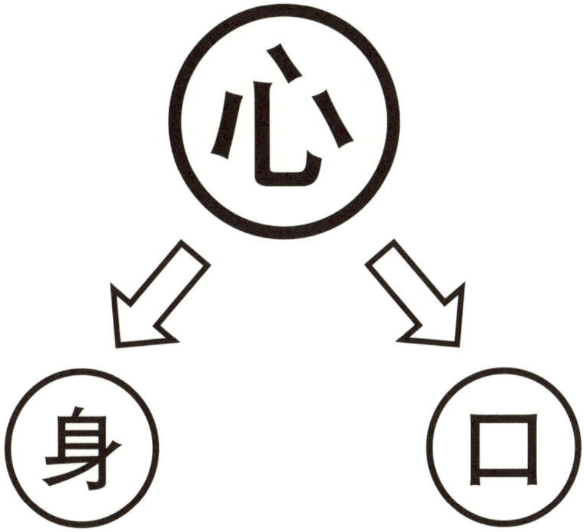

心发出指令，驱动嘴巴和身体。

肉眼、放大镜、显微镜，哪一个看到的是最真实的状态？

法律、道德伦理与佛眼之间的区别，就像是肉眼、放大镜和电子显微镜的区别。

虽然看的是同一个人的手掌，但是用肉眼或是放大镜看的时候，和用电子显微镜看的时候，差异会大到令人怀疑是否是同一个人的手。

肉眼看上去觉得干净细致的手掌，用放大镜来看，就会发现一些令人在意的粗糙之处，但如果用电子显微镜来看的话，又会是怎样的呢？

可能会大吃一惊："怎么全都是细菌和病毒！"

那么，肉眼、放大镜和电子显微镜中，哪一个看到的是手掌最真实的状态呢？

当然是电子显微镜。

同样的道理，用法律裁决，就像是用肉眼来看的状态；从伦理道德的观点评判，就像是用放大镜来看的状态；而从佛眼里看到的人的实相，则是用电子显微镜照出来的状态。

佛，也被称为“见、闻、知”的存在。

即使是我们很有自信以为不会被别人看到的事情，佛也都能看到（见）；即使是我们在背后用最小的声音说的话，佛也都能听到(闻)；即使是我们心中最隐密的念头，佛也全部都能知道(知)。像这样,佛可以看穿我们的全部。

那么，从这样明察秋毫的佛眼来看，我们人是怎样的存在呢？得知了佛眼所见的真实的自己，亲鸾圣人这样告白说:“我曾自负地以为自己是个善人，但是其实再也没有比我更坏的恶人了。”

人到死为止都是烦恼具足的存在

亲鸾圣人通过下面这段话告诉我们:“所谓人，从头到脚都是由烦恼构成的，除了烦恼没有其他。不仅欲望多到无穷无尽，也充满了愤怒、嗔恨、嫉妒、怨恨的心。直到临终的最后一个瞬间,这些烦恼都不会平息、不会消失、也不会断绝。”

所谓“凡夫”，无明烦恼溢满我等之身，欲亦多、嗔怒嫉妒之心多而无间断，直至临终一念，不止不消不绝。

（亲鸾圣人）

亲鸾圣人就是把这到死为止都不会消失的烦恼，比喻成无法治愈的难治之症。

古今中外的所有人，都是因为这到死都不会消失的烦恼而烦闷、苦恼，由此造下罪恶而痛苦。

那么，我们难道就只能这样一直痛苦到死，永远都得不到幸福了吗?

亲鸾圣人教导说,我们的痛苦可以分为“痛苦的根本”和“痛苦的枝叶”这两种。

只要痛苦的根本还没有斩断,枝叶就会一直困扰我们。

而一旦斩断了痛苦的根本，枝叶就再也不会成为问题了。

亲鸾圣人教导我们，烦恼只是痛苦的枝叶，并不是痛苦的根本。

那么，痛苦的根本是什么呢?那就是亲鸾圣人所说的另一个难治之症。而这个难治之症，在我们活着的时候是能够彻底治愈的。

能够治愈的难治之症——“对死后黑暗之心”

亲鸾圣人明确告诉我们，古今中外，所有人痛苦的根

●痛苦的根源，是“对死后黑暗之心”

难治之症	
	1. 烦恼（无法治愈）———— 枝叶
	2. 对死后黑暗之心（能治愈）— 根干

烦恼是痛苦的枝叶，不是根干。
痛苦的根源，
是“对死后黑暗之心”。

源，就是“无明业障之病”（不知道死了以后会怎样的“对死后黑暗之心”）。

虽然这个无明业障之病，是让所有人的人生都充满痛苦的最为可怕的难治之症，但是亲鸾圣人告诉我们，它和到死为止都无法治愈的108个烦恼有着根本性的不同，那就是在我们活着的现在能够彻底治愈。

无论是谁，都讨厌死亡。

对于“死了以后会怎样”这类问题，我们连想象都不愿去想象。在生活中都是捂住耳朵，既不去听也不去想关于死亡的事情。

大概是因为一听到“4”就会联想到“死”，所以有的医院里没有四号病房，有些电梯甚至会跳过“4”这个数字，把四楼直接设成五楼的按钮。

可见人们有多么想回避死亡这个问题。

正是因为直接面对死亡太过可怕，所以人们才会将其替换成疾病、环境等与生存相关的课题，致力于解决这些问题，不是吗？

其实，所谓惧怕核战争、害怕地震、不想得癌症……归根结底，也是因为这些都与死亡相关吧。

德国哲学家蒂利希在《存在的勇气》中这样写道：哪怕只是一个瞬间，人也无法忍受死亡本身的“赤裸裸的不安”。

然而,实际上,我们每天又是在朝着什么方向前进呢?

人生就像是一条有去无回的单行道。

从我们出生开始，年龄就在不断地增长。即使拼命想办法对抗衰老，也不过就是让自己看起来年轻一点而已。

能够无病无灾、健康长寿，固然是令人高兴的事情，但是我们既不可能一直停留在现在的年龄，也不可能返老还童，回到孩提时代。

“光阴似箭”，时光像飞一般流逝。早上才刚刚起床，转眼间就已经到了晚上。而且，随着年龄的增长，会感觉时间流逝的速度越来越快。很多人都应该有这种切身的感受吧。

我们就像是一辆刹车失灵的汽车，正在以飞快的速度不停地狂奔，而前进的方向就是死亡。

日本室町时代的禅僧一休（1394-1481）曾经说过，元旦就是“前往冥土路上的里程碑”。

“冥土”是指死后的世界。人生就是前往冥土的旅程，度过了一年，就意味着朝死亡又前进了一大步。

虽然说，古今中外，有多少人存在，就会有多少种人生旅程，但是所有这些人生旅程共通的是——它们百分之百都通向死亡。

死亡是粗暴无礼的不速之客

死亡，不仅是所有人确凿无疑的未来，而且还是一个毫无礼貌的不速之客，不知道什么时候就会突然到来。

佛教中有一个词，叫做“老少不定”。就是说，关于死亡，并非一定就是年纪大的人（老）先死去，年纪小的人（少）后死去。

与癌症搏斗了10年后离世的岸本英夫（东京大学宗教学教授）在他的抗癌手记中说，死亡就像是一场突然袭来的暴力：

“可以说,死亡总是突然降临。不论它什么时候降临，当事人总会觉得十分突然。因为在完全放心生活的心态下，对死亡没有丝毫的心理准备。(中略)

“在不应该来临的时候，死亡突然来临；在不应该来临的地方，死亡大摇大摆地来临。犹如一个无法无天的人连鞋都不脱，毫无礼貌地闯进刚刚打扫干净的客厅。他是那么蛮横无理，叫他稍等一会儿，他也毫不理会。这是人的力量根本无法制止、无法控制的一头怪物[*5]。”

尽管死亡是所有人确定无疑的未来，是会突然到来的严峻现实，却极少有人认真地思考这件事情。

虽然在亲朋好友或是自己认识的人死去时，也会有不得不思考死亡的时候，但那只是暂时性的，很快就会在日常生活的忙碌中被抛到脑后。

上学的人，会忙于学习；上班的人，会忙于工作；有孩子的人，会忙于养育孩子。

除此之外，还有自己的兴趣爱好、休闲娱乐，以及参加社区活动、为社会做贡献等等。忙碌的原因虽然各有不同，但每个人都为了应对眼前的事情就已经耗尽了心力。

“忙”这个字，拆开来写是“心亡（丢失了心）”。像这样，在日常的忙碌中，我们很容易连“每天活着是在朝哪里前进?”这个最重要的问题，都忘得一干二净。

然而，不管我们遗忘得多么彻底，总有一天，被我们忘记的“那个家伙”会突然出现。

如果被医生告知“你已经是癌症晚期……”

身体健康的时候，人们会说：“死亡是永久的休息”、“是长眠”、“没什么可怕的”，就好像与自己无关一样，把死亡想得很简单。然而，死亡既不会永远只是别人的事情，也不是未来才会发生的事情。必定会在某一天，成为“我”必须面对的迫在眉睫的问题。

如果被医生告知“你已经是癌症晚期，最多只能再活一个月”的话，会怎么样呢?

前面提到的岸本英夫教授说:到了这个时候,唯有“死后将会如何”，才是唯一重大的问题。

在岸本教授留下的手记中，记载了他与癌症搏斗、直面死亡的惨烈历程。

“仔细想想，生命终结究竟是怎么一回事呢?不言而喻,这是人的肉体生命的结束。呼吸停止,心脏停止跳动。(中略)

“但是，构成人这个生命体的不仅仅是单纯的生理意义上的肉体，至少在活着的时候，人还是精神上的个体。这是常识。在活着的时候，具有‘自我’这个意识，存在着‘我’这个自我。于是，问题就聚焦到这个‘自我’死后将会如何这一点上。对于人来说，这会成为非常大的问题[*5]。”

有人嘴上坚持说“人死了，就什么都没有了”，但是他在亲戚朋友去世的时候，也会到“灵前”去祭拜，为死者祈祷“冥福”。

“灵前”是指在死者的灵魂面前，“冥福”是指死者在冥土（死后的世界）的幸福，都是以死后世界的存在为前提的。

有的人甚至还会流着眼泪对死者说，“请你好好地在地下安息吧”，等等。

每年，我们都会给逝去的亲人扫墓、祭祀，告慰祖先。

对于幸福的人，我们通常不会给予安慰，因为没有这个必要。如果不是承认死者的灵魂存在，并且认为他们需要安慰，就不会举行这些仪式。

一边否定死后的世界，一边却又为死者祈祷死后的幸福。我们的心底，其实是无法彻底否定死后世界的存在，才会出现这种矛盾的言行吧。

如果有人笑着辩解说“这些都不过是习俗而已”，那肯定是因为他还没有体会过失去至亲至爱的痛苦，还处于短暂的幸福中。

死后的世界到底是存在，还是不存在？死后究竟会怎样？我们对此一无所知。

事实上，对于死后这个未来，我们的心里完全是一片黑暗的状态。

说到这里，似乎能听到有人冷笑说：“死后会怎么样，要等死了以后才知道，别尽想这种无聊的问题。”

但是，人们却普遍在担心那些根本不知道是否会发生的事情，比如火灾或是老后的生活，不是吗?

大多数人一辈子都不会遇到火灾，然而人们还是会加入火灾保险以防万一。

如果年纪轻轻就死去了，也不会存在安度晚年的问题，然而人们还是在为自己老后的生活拼命储蓄。

似乎没有人会说:“老后会怎么样，要等老了以后才知道。别尽想这种无聊的问题。”

为了火灾、老年等未必会发生的问题做万全的准备，却对死后这个将来必定会发生的重大问题视而不见，这难道不是自相矛盾吗?

“但是想这些又有什么用啊?”“到时候再说吧。”“要是成天想这种事，就活不下去了。”“正是因为必定会死，现在才要努力活着啊。”对于死亡，人们似乎已经放弃了思考。

死亡是如此地令人难以正视。在死亡面前，难道人就只能或是“绝望放弃”,或是“作毫无意义的垂死挣扎”吗?

对死后黑暗之心 = 无明业障之病 = 能够治愈的难治之症

能够治愈的难治之症是“对死后黑暗之心”。
佛教称之为“无明业障之病”。
这个难治之症在活着的时候就能够痊愈。

如果未来是黑暗的，现在就无法变得光明

亲鸾圣人将这种“不知道死后会怎样的心”，称为“无明业障之病”，忠告我们说，这是所有人都罹患的最为可怕的难治之症。

那么，为什么亲鸾圣人会教导我们，无明业障之病（对死后黑暗之心）是古今中外所有人痛苦的根源呢？

让我们思考一下，如果未来是黑暗的，现在会怎么样呢？

比如说，三天后即将面临重要考试的学生，现在就会感到心情黯淡；五天后将要动大手术的患者，现在就已经无法安然度日。

如果未来是黑暗的，现在也就变得黑暗。

让我们再想象一下，乘坐在被告知即将坠毁的飞机里的乘客，会是什么样的心情。

应该是吃任何饭菜都食之无味，看任何喜剧影片都笑不出来吧。这样的空中旅行别说舒适愉快，简直就是心惊胆战、惊慌失措，恐怕还有人会哭泣叫喊。

在这种情况下，乘客痛苦的根源固然是即将发生的坠

●现在和未来的关系

现在　　　　未来

现在开始就感到不安　　　　五天后有大手术

如果未来黑暗，现在也就变得黑暗。
未来对我们的心有决定性的影响。
只要未来还是黑暗的，
现在就不可能从心底感到快乐。

机事故，但其实，不仅坠机的瞬间是可怕的，朝向悲惨结局飞行的过程本身就是痛苦的地狱。

如果未来黑暗，现在也就变得黑暗；而现在之所以黑暗，正是因为未来黑暗。

关于未来的黑暗，可能会有各种情况：对自己老后生活的不安，对火灾或自然灾害的担心，对意外事故或是疾病的不安等等。但是所有人共通的未来，就是死亡。

如果对这个确定无疑的未来一无所知，也就是“对死后黑暗之心”这个疾病没有痊愈的话，即使想要构筑光明的现在，也是绝对不可能做到的。

惊骇于死亡的托尔斯泰

俄罗斯的文豪托尔斯泰，在将近50岁的时候意识到了这个问题。

也许今天或者明天，自己就有可能死去，又怎么能安心快乐地活着呢?

他惊骇到甚至无法工作。

“我只是惊讶，对这样的事为什么当初无法理解？这种事不是自古以来人人皆知的吗?

“如果今天抑或明天，疾病、死亡降临在我所爱的人或是我自己头上（其实以前就曾有过），除了死的腐臭和蛆虫，不会留下任何别的东西。我的工作，不管取得多么辉煌的成就，迟早都会被人忘得一干二净，我也将会死去。如果这样的话，为什么还要辛辛苦苦地活着呢？人们竟然察觉不到这一点！——这实在令人震惊！沉醉在甜蜜生活之中的时候，也许还能活下去，但一旦清醒过来，就会发现这一切都是欺骗，而且是愚蠢的欺骗[*6]。”

挚爱的亲人，也终有一天要面对这黑暗的死亡。一想到这些，曾视为人生意义的家庭、艺术等生活中的甜蜜也全都变得淡然无味。

作为作家，托尔斯泰的创作生涯一帆风顺，但是当他凝视所有人确定无疑的未来——死亡的时候，他的世界就破裂成无数的碎片，一切都失去了光芒。

“死后将会怎样？”这种对于即将进入未知世界的深不见底的不安，如果不通过什么方法掩饰、欺瞒，我们就无法活下去。

可以说，只要“对死后黑暗之心”这个疾病没有治愈，所谓文化的发展、文明的进步，都只不过是在掩饰这种不安的方法上所做的改变而已。

但是，这样的欺骗不可能长久，也不会对问题的解决有任何帮助。

所以，我们的人生才会充满不安，无论得到什么都只是刹那间的快乐，无法感受到发自心底的安心和满足。

亲鸾圣人出家，也是因为震惊于这个事实

亲鸾圣人开始追求佛法，也是因为震惊于“对死后黑暗之心”这个疾病。

距今大约850年前的平安时代末期，亲鸾圣人出生于日本的京都，父亲名为藤原有范，母亲被称为吉光夫人。亲鸾圣人深受父母的疼爱，却在4岁时失去了父亲，8岁时母亲也与世长辞。

接下来就要轮到自己了！震惊于死亡的现实，亲鸾圣人开始思考“死后将会怎样”，“此世的生命结束后，将会去往哪里”。

死后的世界究竟是存在，还是不存在？死后到底会怎样？自己对此一无所知，未来一片黑暗。

为了解决“不知道死后会怎样”这个问题、治愈“对死后黑暗之心”的疾病，亲鸾圣人9岁的时候决意出家，进入佛门。

在当时，因为僧侣的地位相当于国家公务员，属于精

英阶层，所以很多人都是为了追求地位才剃发出家的。但是亲鸾圣人出家的动机，却只是为了解决“对死后黑暗之心”这个疾病，除此以外没有其他。

9岁那年的春天，亲鸾圣人由伯父藤原范纲陪同，拜访了青莲院（现京都市东山区），提出了出家的请求。

青莲院虽然在当天就接受了他的请求，但是剃度仪式却要在隔日才能举行。亲鸾圣人听到后，立刻拿起旁边的笔墨，写下了一首诗。

“樱花虽易逝，犹信明日在。
焉知夜半里，风雨会否来。”
（沉醉于还会有明天的幻想中时，
无常的杀手已悄然袭来。）

“虽然心中期待着明天还能看到樱花继续绽放枝头，但是只要夜里有一阵风雨吹过，立刻就会落樱满地，使期望落空。

“如果‘我们还会有明天’这件事是确定无疑的话，就不会有任何人死去了。

“人的生命，比樱花还要无常。我的明天，说不定不会到来。

“所以无论如何，请让我今天就出家吧。”

通过这首诗，亲鸾圣人表达了自己想要尽快接受剃度、进入佛门的急切心情。

据说青莲院的僧侣对此大为感叹，当天就为圣人举行了出家仪式。

像这样，亲鸾圣人急于追求佛道，也是因为没有比“对死后黑暗之心”这个疾病更急需治疗的难治之症了。

尽管这个“对死后黑暗之心”的疾病，是古今中外所有人都罹患的难治之症，却是依靠医学、哲学、文学、政治、经济、科学等人类的力量完全无法治愈的疾病。所以在前面的譬喻中，被比喻为“所有的医生都放弃了治疗”。

然而，《叹异抄》里却明确告诉我们，这个名为“对死后黑暗之心”的难治之症，依靠大宇宙中唯一的名医制造出来的特效药，是能够在我们活着的时候彻底痊愈的。

第 2 章

名医的介绍人

难治之症的患者——所有人

↓

第 2 章

名医的介绍人——释迦牟尼佛

↓

名医

↓

特效药

↓

痊愈

↓

道谢

有助于理解《叹异抄》全貌的譬喻故事,第二个要点。

【2】 出现了一位介绍人,
将世界上唯一一位名医的存在告诉了患者。

将"全世界唯一一位名医的存在"告诉患者的介绍人,就是"释迦牟尼佛"。

所有人都因患有"对死后黑暗之心"这个疾病而痛苦。而将能治疗这个疾病的名医介绍给我们的,唯有讲说了佛教的释迦牟尼佛一人。

追求"超越生老病死"之路的释迦牟尼佛

释迦牟尼佛出生于大约2600年前。他是印度迦毗罗卫城的国王净饭王和王后摩耶夫人的长子,小时候被称为悉达多太子。

悉达多太子天生聪慧过人。对此,有一个很有名的轶事。据说,太子曾跟随国内最优秀的两位老师学习学问和武艺,但是这两位老师不久就提出了辞呈,告罪说"已经没有什么本领可以教给太子了"。

太子从少年时代就沉着冷静、思虑深远。有一天,他看到鸟儿啄食虫子，得知了这个世界弱肉强食的真相，对于不牺牲其他生命就无法存活的现实,产生了深深的疑问。

之后，太子又在离城出游的时候，亲眼目睹了老人、病人和死人的存在。因为在王宫里，这些现实的黑暗面都会被掩藏起来，不让太子看到。太子由此第一次得知了自己也将面临的未来，受到了很大的打击。

不管现在多么健康，拥有多少财产、地位、名誉、才能，最终都会因为衰老、疾病和死亡，被这些幸福抛弃。

得知了无论什么样的幸福都不会长久，太子再也无法感到发自内心的安心和满足。

回到宫殿后的一个夜晚，太子在半夜里突然惊醒，看到了白天装饰华丽、争奇斗艳的美女们横七竖八、丑陋粗俗的睡相。不堪入目的丑态与白天端庄美丽的样子完全判若两人，这让太子震惊不已，如梦初醒。

大概世间所有的快乐也都是如此，不过是一时的欺骗而已。太子意识到这一点，终于下定决心离开王宫，入山修行。当时太子29岁。

此后，为了追求真正的幸福,太子开始了极其艰苦的修行。

他投身于从未有人尝试过的苦行，6年后，终于在菩提树下开悟了“佛”这一至高无上的觉位。

从35岁开悟佛觉，直到80岁去世为止，释迦牟尼佛在这45年间所讲说的教义由弟子们记录保存了下来，这就是所谓的佛经。佛经的数量高达7000多卷，在今天被称为“一切经”。

“觉悟”有52个阶位

佛教里所说的“觉悟”，从低到高共有52个阶位，被称为觉悟的五十二位。

就像日本的相扑选手有很多级别，从低到高分别有“序之口”、“幕下”、“大关”、“横纲”等不同的名称一样，开悟的每个级别也都有其各自的名称。

在佛教里，把最高阶位的第52位称为“佛觉”，也叫做“无上觉”。只有开悟了“佛觉”的人，才能被称为“佛”。

开悟了佛觉，就会证悟不可思议的真理。

我们一般说到真理，是指科学上的真理、数学上的真理等等。而佛教所说的真理，是指能让所有人获得真实幸福的真理。

证悟真理，可以用登山来比喻。比起海拔一百米高的地方，登上海拔五百米、一千米高的地方视野会更加开阔。爬得越高看得越远，最终登上山顶的时候，四面八方的景色就能够尽收眼底。同样的道理，只有到达了佛觉，才能够证悟幸福的全部真理。

所谓佛，指的就是到达了这个无上觉、证悟了幸福的全部真理的人。而在日本却经常把死人称为佛，这是极大的误解。

到今天为止，在我们这个地球上，开悟了佛觉的人只有释迦牟尼佛一位。也就是说，释迦之前无佛，释迦之后迄今为止，也再无佛出现。

一般我们听到说“释迦牟尼世尊”,或是“佛陀”等等，都是指释迦牟尼佛。

在《叹异抄》里，将其称为“释尊”。

世界文化史的权威、科幻小说的巨匠——赫伯特·乔治·韦尔斯（Herbert George Wells）曾经说过：“公平而论，无论从哪个方面来说，世界上最伟大的人都非释迦牟尼佛莫属。”

而德国宗教学家弗里德里希·海勒（Friedrich Heiler）在研究了所有宗教之后，也盛赞说：“释迦佛陀，是世界上最伟大的宗教家，是世界之光。”

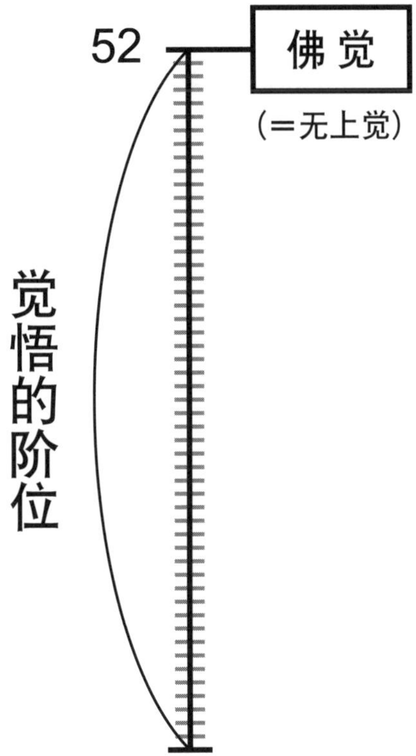

“觉悟的52位”的最高位是佛觉。
只有到达这个觉位的人，才被称为佛。

2600年前的宇宙观

弥勒菩萨是佛经中经常提及的一位菩萨，他是继释迦牟尼佛之后下一位将要成佛之人。而据佛经记载，虽然弥勒菩萨已经到达了第51个阶位“等觉”，但是要再开悟最后一个阶位到达佛觉，还需要花上56亿7000万年的时间。

据说，觉悟相差一段，在智慧上的差别就如同人与虫蚁之间的差别。

古语说，“夏蝉不知春秋”。只有在夏天才爬到地上生活的蝉，即使跟它讲春天和秋天的事情，它也完全不会明白。

更何况去跟它讲,“到了冬天会降下‘雪’这种东西”，它就更感到莫名其妙了。

像这样，觉悟仅相差一段，智慧的差别就如同人与蝉的差距，更何况我们与相差了52个阶位的佛相比，在智慧上当然会有天壤之别。

在佛教里，把人称为“凡夫”，所以人的智慧叫做“凡智”，而佛的智慧被称为“佛智”。

证悟了佛智的释迦牟尼佛告诉我们，大宇宙中存在着无数个像地球一样的世界。

晴朗的夜晚，我们仰望天空，会看到满天灿烂的星斗。

我们所居住的地球，只是太阳系中的一颗星球，太阳系中还有水星、金星、火星、木星等行星，都是以太阳为中心在旋转的。

今天的天文学告诉我们，大约2000亿个这样的太阳系集结在一起构成的星系，叫做银河系，而银河系这样的星系在大宇宙中有1000亿以上。

释迦牟尼佛也在佛经中，将1000个像地球这样的世界的集合称为“小千世界”;将1000个小千世界的集合称为“中千世界”;将1000个中千世界的集合称为“大千世界”。释迦牟尼佛把这些世界统括在一起,称之为“三千大千世界”。

在科学家哥白尼（1473-1543）倡导地动说的时候，全世界都还在相信天动说。

而释迦牟尼佛早在两千多年前，就已经讲说了这样的宇宙观，真是令人惊叹不已。

那么，释迦牟尼佛为我们介绍的唯一一位名医，又是谁呢?

第3章
名医

难治之症的患者——所有人

↓

名医的介绍人——释迦牟尼佛

↓

第3章

名医——阿弥陀佛

↓

特效药

↓

痊愈

↓

道谢

有助于理解《叹异抄》全貌的譬喻故事，第三个要点。

【3】 名医发誓说："如果不能查明
这个得了难治之症的患者痛苦的根源，
并彻底治好他的话，我就舍弃自己的生命。"

释迦牟尼佛以佛智告诉我们，大宇宙中存在着无数个像地球一样的世界。并且还明确指出，在这些世界里，也都各自有佛存在（就像地球上出现释迦牟尼佛一样）。

释迦牟尼佛将这些大宇宙中不计其数的佛称为"十方诸佛"。十方，指的是大宇宙。诸佛，就是众多的佛的意思。

因为佛也被称为"如来"（比如大日佛也称大日如来，指的是同一位佛），所以我们常常听到的大日如来、药师如来等等也都是"诸佛"中的一员。

而在我们这个地球上，只出现过一位佛，那就是释迦牟尼佛。释迦牟尼佛也被称为"释迦如来"或是"释尊"。

名医指的是弥陀

释尊以及十方诸佛全都尊为老师的佛，就是"弥陀"。弥陀也被称为"阿弥陀佛"或是"阿弥陀如来"。

释尊介绍给我们的唯一一位名医，就是这位弥陀。

弥陀是大宇宙诸佛的老师，诸佛全都是弥陀的弟子。出现在地球上的释迦牟尼佛也是大宇宙诸佛之一，所以也尊弥陀为师，是弥陀的弟子。

以上这些，都是释尊通过“佛佛相念”、“唯佛与佛的知见”所得知，并且为我们讲说的内容。

佛佛相念就是说，唯有佛与佛之间是相通的。唯佛与佛的知见，意思是“唯有佛与佛才知道的世界”。

为什么释尊和大宇宙中的诸佛都尊敬弥陀，将其称为自己的老师呢？那是因为，“弥陀的本愿”极其殊胜，无与伦比。

弥陀的本愿，也叫做“弥陀的誓愿”，就是指“弥陀的誓言”。

那么，“弥陀的誓言”到底是什么地方如此殊胜呢？

释尊终其一生讲说的“弥陀誓愿”

其实，十方诸佛都曾经千方百计地想要拯救痛苦的人们，但是因为所有人都是罪恶太过深重、烦恼极其旺盛的恶人，完全没办法拯救，所以就无可奈何地放弃了。

对于这样的我们，唯有阿弥陀佛一佛豁出生命发下了

●“阿弥陀佛”和“十方诸佛”的关系

师父 — 阿弥陀佛（弥陀）

弟子 — 十方的诸佛

释迦牟尼佛　药师佛　大日佛　毗卢遮那佛　须弥相佛　大须弥佛　须弥光佛　妙音佛　日月灯佛　名闻光佛　大焰肩佛　须弥灯佛　无量精进佛　无量相佛　无量幢佛　大光佛　大明佛　宝相佛

净光佛　焰肩佛　最胜音佛　难沮佛　日生佛　网明佛　师子佛　名闻佛　名光佛　达摩佛　法幢佛　持法佛　梵音佛　宿王佛　香上佛　……　……　……

释迦牟尼佛说，大宇宙中存在着数不清的佛，
如同恒河中的沙粒一般。
这些十方诸佛的老师就是阿弥陀佛。

誓言:“真是太可怜了,我弥陀无论如何都一定要拯救你们,请全都交给我吧。”这就是弥陀的誓愿。

如前所述,十方诸佛也都有想要拯救我们的心(慈悲),这是毋庸置疑的。只是因为我们的罪恶太过深重,靠诸佛的力量(智慧)实在无法拯救,所以万不得已只能放弃了。

不管想拯救的心(慈悲)多么强烈,如果没有拯救的能力(智慧)就无法拯救。

虽然所有的佛都兼具智慧与慈悲,但是弥陀的智慧远超诸佛,是十方诸佛都望尘莫及的,所以弥陀的别名也叫做“智慧光佛”(智慧殊胜之佛)。

因此,对于十方诸佛流着眼泪不得不放弃的难治之症的患者,唯有弥陀一佛挺身而出,说“我来拯救”。

前面讲过,譬喻故事中所说的“有一个得了难治之症的患者,被所有的医生都抛弃了”,这是在比喻我们所罹患的难治之症,依靠政治、经济、科学、医学、哲学、文学等人类的力量是完全无法救治的。

但实际上,这个比喻真正要表达的事情是,我们所患的难治之症不仅依靠人的力量无法救治,甚至连大宇宙诸佛都对其无能为力,最终只能放弃。

因此，释尊才将唯一一位能够救治全人类的难治之症的名医——弥陀介绍给我们，并且终其一生，只讲说了弥陀的誓愿这一件事情。

所以，记载了亲鸾圣人教义的《叹异抄》，当然也是除了弥陀的誓愿以外没有讲说其他内容。

在涵括了《叹异抄》全书18章内容的第1章中，第一个词语就是“弥陀誓愿”。在之后的内容里，也反复提到弥陀的誓愿，称之为“弥陀本愿”、“愿”，或是“本愿”。

所有这些词语，指的都是“弥陀的誓言”，只是换了一种说法而已。

任何“誓言”，都必定有其发誓的对象。

不管是金钱借贷方面的誓约，还是结婚典礼上的誓言，都是有限定的对象的。不会对任何人都“许诺”、“发誓”。

但是“弥陀的誓言”，却是不分人种、性别、年龄、贫富、能力等等，面对所有人发下的誓言。

亲鸾圣人吃荤娶妻的原因

亲鸾圣人之所以会“吃荤娶妻”，也正是为了阐明这

●《叹异抄》第一章

〔原文〕

信“被弥陀誓愿不思议所拯救，必遂往生”，欲念佛之心发起之时，即获摄取不舍之利益也。

应知弥陀本愿，不简老少善恶之人，唯以信心为要。

因其乃为拯救罪恶深重、烦恼炽盛众生之愿也。

故若信本愿，则无需他善，因无有胜于念佛之善故；恶亦不需惧，因无有障碍弥陀本愿之恶也。云云。

（框起来的部分指的都是“弥陀的誓愿”。）

〔释义〕

阿弥陀如来发誓“要救度一切众生”，被这不可思议的弥陀誓愿所拯救，成为无疑可往生弥陀净土之身，生起想要念佛之心的时候，就会获得“摄取不舍”这绝对的幸福。

弥陀的救度，不分年老年少，也不问善人恶人，对所有人没有丝毫差别。然而必须知道，有一个唯一的、最为重要的事情，那就是对佛愿无有疑心的“信心”。

那么，为什么恶人也只要信本愿就能得到救度呢？

那是因为，阿弥陀佛立下本愿的真意，正是为了拯救烦恼无比炽烈、罪恶最为深重的极恶之人。

因此，如果被弥陀本愿所救摄，则无需一切之善。因为没有任何善，比弥陀所赐予的念佛更为殊胜。

而且，无论造下什么样的罪恶，也不会再有丝毫的恐惧与不安。因为没有任何恶，是弥陀本愿所不能救摄的。

亲鸾圣人如是说。

个以所有人为对象的弥陀誓言。吃荤，就是吃鱼、肉等荤食。娶妻，就是结婚的意思。

身为僧侣却公然结婚，亲鸾圣人这个破天荒的举动，在小说和电影中也常常被当做故事里的高潮部分。

日本小说家夏目漱石对于亲鸾圣人的吃荤娶妻，有过这样的论述：

“在那个时代，（中略）不仅公开宣布要吃荤娶妻，而且还付诸行动——这样的事情你做做看，不知会受到多少迫害攻击。”

“亲鸾上人从一开始就有着非同寻常的思想、非同寻常的力量。如果根底里没有非同寻常的强大思想做基础，是不可能进行那样大的改革的[*7]。”

对于亲鸾圣人的吃荤娶妻，夏目漱石连用了三个“非同寻常”——“非同寻常的思想、非同寻常的力量、根底里非同寻常的强大思想”表达了他的惊叹。

由此也可以知道，亲鸾圣人实行的是何等巨大的改革了。

僧侣吃荤娶妻，在今天的日本虽然已经成为理所当然的事情，但是在当时的佛教界却是被严厉禁止的行为。

以天台宗、真言宗为中心的日本平安时代的佛教，是要人们脱离世俗、进入到比叡山或高野山等深山里修行的佛教，为此制定了很多清规戒律。

这种佛教也被称为“山上的佛教”，以狩猎或捕鱼为生的人、持有刀剑的人、身份卑贱的人都被禁止入山。除此之外还有“女人禁制”，就是说，连女性也不可以进入山里。

而且在当时，僧侣不近女色是常识，僧侣公然结婚，这不仅在佛教界，在一般世俗社会也会被视为大问题。

因此，京都城内一片哗然。亲鸾圣人被骂作“堕落和尚”、“花和尚”、“破戒僧”、“破坏佛教的恶魔”等等，各种诽谤、中伤从四面八方向圣人袭来。

甚至还有人拿着石头、木棒暴力攻击圣人，或是用长枪、大刀来威胁圣人。

为什么即使冒着这样的危险，亲鸾圣人也要公然吃荤娶妻呢？

这绝不是单纯只为了恋爱的情感，也不是为了追求人性的自由和解放。

亲鸾圣人的举动,完全是为了阐明无论出家（僧侣）、在家(世俗之人),都会一视同仁地予以拯救的弥陀誓愿(誓言)。可以说，这是圣人豁出生命弘法的一环。

弥陀誓愿——让我们清楚得知死后会怎样

那么，弥陀以所有人为对象，发下了怎样的誓言呢？

简单来说，就是“无论什么样的极恶之人，都必定拯救，使其得到‘信乐’”的誓言。

弥陀发誓，“如果做不到就舍弃自己的生命”，所以这可谓是弥陀豁出生命发下的誓言。

那么，“使其得到信乐”又是什么意思呢？

“信乐”在佛教中读作“xin yao（音同“耀”）”，虽然只有两个字，却是表达“弥陀誓言”关键的极其重要的词语。

首先，信乐的“信”，是“彻底治愈‘对死后黑暗之心’的疾病，使我们变成光明之心”的意思。

所谓“彻底治愈‘对死后黑暗之心’的疾病，使我们变成光明之心”，意思就是“让我们清楚得知死后会怎样”。

我们连下一秒钟会发生什么都不知道，当然会觉得“让我们清楚得知死后会怎样”是不可能做到的事情。

不仅如此，还会产生这样的疑问：“让我们清楚得知死后会怎样”，到底是怎样清楚得知呢？

关于这个问题，将会在第4章中详述。

而且，弥陀还发誓说，要于“一念”让我们清楚得知死后会怎样。“一念”，就是比一秒钟的几兆分之一还要短的、时间的极限。

即使是肉体的疾病，到完全治愈也需要时间。疾病会逐渐好转，在不知不觉之间痊愈。然而，“对死后黑暗之心”这个疾病却会于一念痊愈，这完全超乎我们的想象。

而弥陀之所以会发誓于一念拯救，是出于“即使对一秒钟后就会死去的濒死之人，也要毫无遗漏地予以拯救”的大慈悲心。

弥陀誓愿
——被牢牢救摄、绝对不会被舍弃的幸福

接下来，信乐的“乐”，是给予“摄取不舍之利益”，使我们得到无上幸福的意思。

“摄取不舍之利益”出现在《叹异抄》第1章的开篇，是非常有名的词语。

“摄取不舍”，意思是“摄取而不舍弃”。“利益”就是指“幸福”。

所谓摄取不舍之利益，是指“被牢牢地救摄、永远不会被舍弃的幸福”。这是任何幸福都无法与之相比的、至高无上的幸福。

仔细想想，我们的心里是不是总是在战战兢兢，害怕自己被健康、孩子、恋人、朋友、公司、金钱财产、名誉地位抛弃呢?

我们一直都生活在不安之中，担心现在所拥有的幸福会抛弃自己。

这大概是因为，我们的心底其实清楚地感受到：以为已牢牢抓住的快乐，不过是黄粱一梦；相信已握在手中的幸福，也不过是梦幻泡影，就像烟花一样无常易逝。

即使现在拥有的幸福会暂时持续，被所有一切抛弃的时刻也必将到来。

莲如上人，这位在室町时代（1336-1573）将亲鸾圣人的教义正确传达到日本各地的善知识向我们敲响了警钟：

“迄今为止一直依赖的妻、子、财宝，在我们将要死去的时候，没有一个可以依靠。

“我们会被所有的一切抛弃，不得不孤身一人离开人世，赤条条地踏上暗黑的旅途。再没有比这更加重大的事情了。”

●信　乐

信　＝　给予不变的大安心

乐　＝　给予不变的大满足

阿弥陀佛发誓，
要让所有人都获得“信乐”
这无上的幸福。

人，为什么活着?
——《叹异抄》为我们揭示了答案

盛开的鲜花，终有凋落的时候。一旦站在死亡的边缘，曾经不惜一切聚敛而来的财富、名誉、地位，全都会离我而去，不得不独自一人离开这个世界。

还有比这更不幸的事情吗?

面对走向如此巨大悲剧的人类，明确指出了无上幸福俨然存在的，正是《叹异抄》。

如上所述，信乐就是“对死后黑暗之心”这个疾病得以痊愈的大安心(信)，和被拯救为无上幸福的大满足(乐)。

获得“摄取不舍之利益”，感受到“出生为人真是太好了!”“原来我就是为了得到这永不消失的幸福而活着的!”——这样光辉灿烂的幸福，才是所有人追求的幸福，才是人生的终极目的。

因为这个要让我们得到信乐（无上的幸福）的弥陀誓愿，是任何人都难以置信的誓言，所以亲鸾圣人盛赞说，“唯是不可思议、不可说、不可称信乐也”。意思就是，信乐是无法想象、无法说明、也无法解释的，是用任何语言都无法形容的幸福。

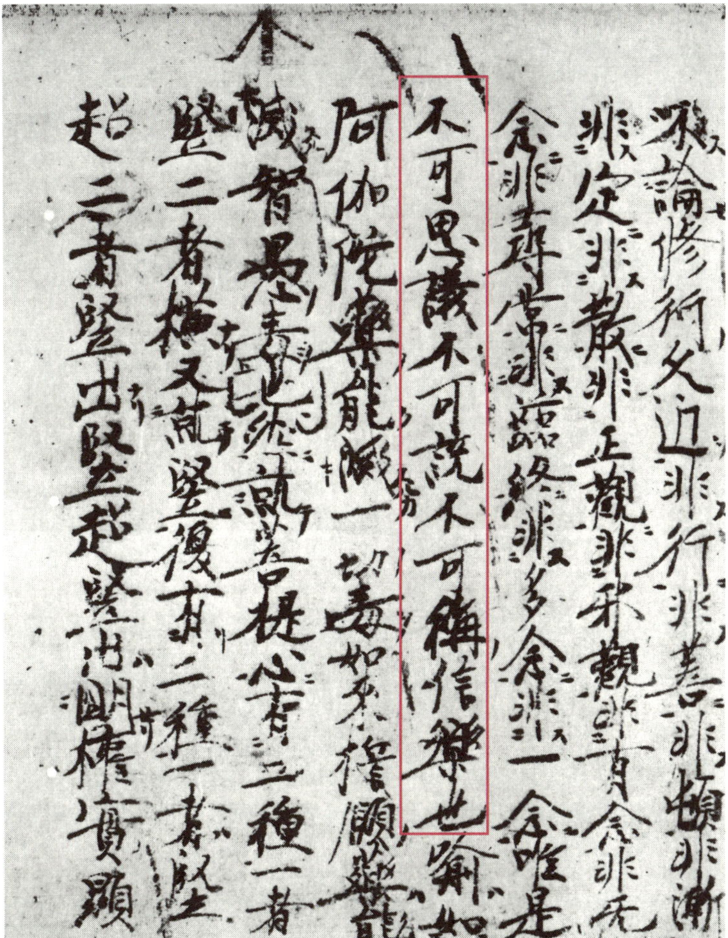

“不可思议、不可说、不可称信乐也”。《教行信证》
信乐是无法想象、无法说明、也无法解释的，
是用任何语言都无法形容的幸福。

在《叹异抄》里，记载了亲鸾圣人被弥陀誓愿拯救后发自肺腑的告白："我现在才明白，原来弥陀费尽千辛万苦立下誓愿，就是为了让我亲鸾得到信乐这无上的幸福！"

第 4 章
特效药

难治之症的患者——所有人

↓

名医的介绍人——释迦牟尼佛

↓

名医——阿弥陀佛

↓

第 4 章

特效药——南无阿弥陀佛

↓

痊愈

↓

道谢

有助于理解《叹异抄》全貌的譬喻故事，第四个要点。

【4】 名医历经无比漫长的岁月，费尽千辛万苦，终于制成了特效药。

名医弥陀发誓要“治愈所有人‘对死后黑暗之心’的疾病，使其获得无上的幸福”，为此制造出了名为“南无阿弥陀佛”的妙药。

如果将弥陀所制的妙药比喻成特效药的话，那就可以说，经过弥陀长久以来的辛苦努力，能够治愈所有人罹患的疾病——“对死后黑暗之心”的特效药终于诞生了。

若是没有崇高的“弥陀誓言”，就不会有特效药的诞生，也就不会听到任何一个难治之症得以痊愈的患者发出的欢喜之声了。

在《叹异抄》中，生动而真实地记载了亲鸾圣人痊愈后的感动。圣人从长久以来罹患难治之症的痛苦中被解救出来，不由得感慨万分：“弥陀的誓言，原来完全只为了亲鸾我一个人。”

不仅是亲鸾圣人，所有难治之症得以痊愈、得到了无上幸福的人，都会和亲鸾圣人一样欢喜地得知：“原来弥陀的誓言就是为了我一人”。

而为了实现自己的誓言，名医弥陀在超乎我们想象的漫长时间里，历尽了千辛万苦，才终于制造出了这副名为“南无阿弥陀佛”的特效药。

“南无阿弥陀佛”虽然只有六个字，其功效却无穷无尽

“南无阿弥陀佛”这六字名号，正是治疗“对死后黑暗之心”这个疾病的特效药。

释迦牟尼佛在遗言中说：我毕生讲说的，就只有特效药——南无阿弥陀佛的功效这一件事而已。

正因如此，南无阿弥陀佛被称为“释迦牟尼佛所讲说的一切经之精髓”。

亲鸾圣人在《正信偈》中，把南无阿弥陀佛称为“大宝海”。就是说，南无阿弥陀佛就像是广大无边的宝海，能够使全人类都得到无上的幸福。

而忠实地传承了亲鸾圣人教义的莲如上人，也这样竭尽言辞盛赞六字名号：“因为南无阿弥陀佛只是六个文字而已，所以无论是谁都不会认为它有多么伟大的力量吧。然而，在这南无阿弥陀佛之中，却有着让所有人得到无上幸福的无限的力量。”

●弥陀创制的特效药

南无阿弥陀佛	＝	六字名号

“南无阿弥陀佛”是治疗
“对死后黑暗之心”这种疾病的特效药。

所谓“南无阿弥陀佛”，其字数不过六字，表面看来，似觉无何功能，然此六字名号之中，所含无上甚深功德利益之广大，却无极无限。

（莲如上人）

所有的药，都必定会有药效说明书。

可以说，记载了释迦牟尼佛毕生教导的七千余卷的一切经，就是南无阿弥陀佛这副特效药的药效说明书。

那么，南无阿弥陀佛的功效到底是什么呢？

佛教教导我们，南无阿弥陀佛这副特效药的功效，用一句话来说，就是“破闇满愿”。

“破闇”，是指破除黑暗的力量。

在佛教里，这个黑暗指的是“无明之闇”。佛教里也将其比喻成疾病，称为“无明业障之病”，或是“对死后黑暗之心”的疾病。

因此，破闇，指的就是将“对死后黑暗之心”变成“对死后光明之心”的力量。

接下来，“满愿”，是指满足愿望的力量。

这说的是名号具有实现“想要让所有人得到无上幸福”的弥陀誓愿，使我们获得绝对幸福的力量。

●破闇满愿

破闇	=	破除"对死后黑暗之心"，使其变成"对死后光明之心"的力量
满愿	=	让所有人获得绝对的幸福，使其得到大满足的力量

这个词简洁地说明了
"南无阿弥陀佛"
这副特效药的功效。

正是因为南无阿弥陀佛这副特效药，具有于“一念”治愈“对死后黑暗之心”这个疾病，使我们得到无上幸福的伟大力量，所以才将其功效称为破闇满愿。

黑暗，在光明照进来的瞬间就会消失。

即使是从一千年前开始就被黑暗笼罩的房间，让其变得光明也不需要花费时间。

正如在光明照进房间的瞬间，黑暗就会消失，长久以来一直使我们痛苦至今的无明之闇（对死后黑暗之心），会在一念的瞬间彻底消失。

这全都是由于南无阿弥陀佛这副特效药的强大功效。

现在就清楚得知，死后必往极乐

在《叹异抄》里，还把南无阿弥陀佛这副特效药的功效称为“往生一定”。

往生一定是什么意思呢？让我们先从“往生”这个词开始解释吧。

在日本，很多人都以为“往生”是“死亡”或是“陷入困境”的意思。比如，人们会说“隔壁的老婆婆今天早上往生了”，或是“因为遇到意想不到的大雪，在途中往生了”。这些都是对“往生”这个词极大的误解。

其实我们看文字就可以知道,“往”是往返车票的往字,“生”是“出生”、“生活”的生字,完全没有死亡或是困境的意思。

不仅是往生,很多在日常生活中使用的佛教词语,都和佛教中本来的含义有很大差异。这似乎也造成了大家对佛教的误解。

要正确理解《叹异抄》和亲鸾圣人的教义,首先要了解佛教词语的正确含义,这是极其重要的事情。

往生,就是一个极为重要的佛教词语。

所谓往生,是指死后去“往”极乐净土,“生”而为佛。

“一定”,是确定无疑、清楚得知的意思。

死后去往极乐净土、生而为佛这件事情,在活着的现在就清楚得知,这就叫做往生一定。

极乐净土是怎样的世界

听到清楚得知死后往生极乐净土,大家肯定会有很多疑问。比如说,极乐净土是怎样的世界呢?

关于极乐净土,释迦牟尼佛在《佛说阿弥陀经》里,这样告诉我们:

“生在极乐净土里的人，不会有任何痛苦，只有各种各样的欢乐。所以被称为极乐。”

接下来，释迦牟尼佛又这样描述极乐净土的各种欢乐：

“用宝石建造的水池随处可见，其中溢满清水，清澈透亮。池水具有甘甜、清凉、柔软、轻灵、清澈、不伤喉咙、不坏肠胃等多种特征。池底铺满了金沙。

“池中莲花盛开，大如车轮。莲花有青、黄、红、白等多种颜色，各自绽放青光、黄光、红光、白光，光色绝妙，香气馥郁。

“四边的台阶上，全都装饰着金银珠宝。耸立在台阶尽头的宫殿楼阁，也都是用金、银、水晶等珠宝建成。天空中一直飘扬着动听的音乐,时而有美丽的花瓣飘落下来。

“清凉的微风不断吹拂，以宝石妆点的树木和网状的饰物随风摇曳，发出美妙的乐音，就像是几千种乐器在同时演奏一样。

“还有孔雀、鹦鹉等各种色彩缤纷的鸟类，在以和悦优美的声音讲说尊贵的佛法，听到的人无不从心里生出欢喜。

“生活在极乐净土里的人们，每天都穿着精致华美的衣服，吃着各种珍馐美食，欢乐无比。”

●往生一定

往生	=	死后去㊟往极乐净土，生而为佛
一定	=	确定无疑 清楚得知

去往极乐净土、生而为佛，
这虽然是死后的事情，
但是吃下了南无阿弥陀佛的特效药，
就会在活着的现在清楚得知自己死后必往极乐。

在经文里，释迦牟尼佛极尽言辞，为我们形容了极乐净土的美好殊胜。

听到这些，可能有人会想说，“那是童话故事吧”、“怎么可能相信这种事情！”但是其实，释尊所说的这些并不是极乐净土实际的情景。

猫咪往生之净土，宫殿皆由鱼干做

我们在日常生活中体验到的快乐，比如说吃到可口的美食、赚了大钱、受到夸奖、有了恋人、结了婚、买了房子等等，这些全都是最终会褪色、或是变质为痛苦悲伤的快乐。

一旦遭遇地震、海啸、台风或是火灾，这些快乐会在一夜之间失去，朝不保夕。即使能持续一段时间，到了临终的时候，也会百分之百消失殆尽。我们所知道的，只有这样的幸福。

要让只知道这种快乐的我们，去理解极乐净土的快乐，比起让鱼类去理解火与烟雾的存在，或是对猫、狗讲解电视、手机的构造，还要更加令人绝望。

即使是释迦牟尼佛也无法做到，所以释尊有时甚至会说，此事“不可说”。

但是，如果就这样绝望地放弃的话，那就无法完成传达佛教的使命了。

因此，释尊才列举了我们见过、听过、体验过的那些可以想象的快乐,为的是让我们了解极乐净土有多么殊胜。

就像有人比喻的那样，“猫咪往生之净土，宫殿皆由鱼干做，就连猫咪也惊叹，称念喵呜阿弥陀”。要是对猫讲说净土的美好的话，“宫殿皆由鱼干做”，应该是最恰当的讲说方式了吧。

佛法是2600年前，释迦牟尼佛在炎热的印度讲说的教义，会使用符合那个时代与地域的比喻也是理所当然的事情。

汲取了释迦牟尼佛真意的亲鸾圣人，经常把极乐净土称为“无量光明土”，意思就是无限光明的世界。

如果清楚得知自己确定无疑的未来，是去往无限光明的无量光明土的话，我们现在就会充满“出生为人真好”的欢喜，每一个瞬间都会闪耀着光辉，生活在真正的安心与满足之中。

一旦治好了“对死后黑暗之心”的疾病，就会从永久的黑暗中被拯救出来，痛苦不断的人生会原封不动地转化为无上幸福的人生。一切辛苦都将得到回报，流过的每一滴泪水，都会化成珍珠回到自己手中。

而这些，全都是特效药南无阿弥陀佛的功效。

“幸福”有三个可悲的定律

前文说过，在南无阿弥陀佛这副特效药的功效中，破闇满愿的“满愿”是指，实现“想要拯救所有人，使其得到无上幸福”这个弥陀的誓愿，使我们成为大安心、大满足之身。

听到无上的幸福，大家可能会想，“真的有这样的幸福存在吗?”

会有这样的想法是很正常的。

为什么这样说呢？因为我们所知道的幸福，全部都是“相对的幸福”。

比如说，和深爱的人终成眷属、在工作上事业有成、孩子们健康成长等等，我们每天在追求的各种人生的快乐与价值，都属于这种相对的幸福。

为什么叫做相对的幸福呢？因为这些都是通过与他人或是过去的自己相比较才能感受到的幸福。

比方说，公司给自己涨了薪水，跟过去相比当然会感到开心。

但是，如果听说跟自己同一年进公司的人，薪水全都比自己高，那会怎么样呢？即使加薪的事实并没有丝毫改变，但是之前的欢喜却会立刻消失，取而代之的是不满的心吧。

我们总是在和周围的人比较，对幸福的感受也随之不断变动，时而欢喜，时而悲伤。

无论是金钱、工作、家庭，还是容貌、才能等等，我们都会跟周围比较，看到别人拥有自己没有的东西，就会心生羡慕，为此痛苦，不是吗？

与相对的幸福不同，无上的幸福也被称为“绝对的幸福”，这是不会因任何事情而改变的幸福，会让我们生起“世界上没有人比我更幸福”的欢喜。

虽然说，相对的幸福在我们活着的时候也是很重要的，但是它有三个可悲的定律。

（1）永远无法得到满足

（2）不可能一直持续

（3）在死亡面前会全部崩溃

让我们分别看一下这些定律是怎么回事吧。

（1）永远无法得到满足

相信很多人都会在吃到美食的时候，感受到幸福。

但是，当山珍海味变成了日常，就会感到不满足，想要吃到更美味、更珍奇、更高级的食物。

不仅是食物，首饰、装饰品、兴趣爱好所需的装备等等也都是如此。即使刚刚得到的时候非常欢喜，但是一旦习以为常，就会想要更新、更好的东西，不会觉得这样就满足了。

在事业上，即使已经取得了成功，也必须继续解决不断出现的新课题。

那么,是否到达了专家、高手的境界就能够满足了呢?事实上，越是被称为一流的高手，越明白这条道路永无止境。

职业运动员如此，名人亦然。

被赞誉为日本第一剑豪的宫本武藏，平生经历过60多次生死对决，从未输过。但是据说他在晚年也曾告白说，自己的剑术还远未成熟。

得到了满足，反而会加倍饥渴，想要得到更多。越是想要得到满足，就越是无法感到满足，这就是相对的幸福的特征。

追求相对的幸福就如同踏上了一条永无止尽的道路，永远都无法得到真正的安心和满足。

（2）不可能一直持续

即使跨越重重障碍和深爱的人终成眷属，也不知何时就会突然遭遇疾病或事故。

还有可能因为变心或是产生隔阂而分道扬镳，甚至围绕财产或孩子的抚养权等发生纠纷，对峙法庭。

只要看看我们的身边就会明白，这世间充满了为失去丈夫痛苦不堪的妻子、为失去妻子悲伤不已的丈夫、为孩子的不孝愤愤不平的父母……

即使是昨天还其乐融融的幸福家庭，也会由于事故或灾害在一夜之间转为不幸。

因为所有这些幸福，都是今日有明日无的幸福，无法一直持续下去。

在《叹异抄》里，把我们居住的这个世界称为“火宅无常的世界”。

“无常”，是“没有永恒、不会持续”的意思。生活在这样一个不知何时会发生何种变化的世界里，就像是住在火宅（着了火的房子）里一样充满不安，所以才将这个世界称为“火宅无常的世界”。

（3）在死亡面前会全部崩溃

即使一生安泰，没有遭遇太大的不幸，到了将要死去的时候，所有的一切也都会失去光辉。迄今为止辛苦构筑的金钱财产、名誉地位等等，不会再带来半点欢喜。

就连被称为日本历史上最成功人物的丰臣秀吉，在临终时也这样告白:“我身如朝露，转瞬即消逝。难波繁华事，皆如梦中梦。”

无论是夺取天下、登上摄政大臣的宝座，还是建造大阪城和聚乐第、享尽荣华富贵……一切都像梦中之梦一样短暂虚幻。丰臣秀吉最终留下这样的叹息，孤独地离开了人世。

在即将死去的时候，无论是金钱、财产，还是名誉、地位，一切都会像梦中之梦一样，消失得无影无踪。

我们所知道的相对的幸福，全都无法逃脱以上这些可悲的定律。

与此相对，无上的幸福（绝对的幸福）则是绝对不会改变的、即使面临死亡也不会崩溃的幸福。得到了无上的幸福就会成为大安心、大满足之身，发自内心地感受到“生而为人真好！再也没有比我更幸福的人了！”

而将这个无上幸福的存在教给我们的，就是释迦牟尼佛、亲鸾圣人，就是《叹异抄》。

亲鸾圣人告诉我们，那些说“无上的幸福不可能存在”的人，只是还没有得知南无阿弥陀佛这副特效药的功效有多么伟大而已。

怎样才能吃下这副特效药呢？

那么，要怎样才能吃下弥陀所制的南无阿弥陀佛这副特效药呢？

对于患者来说，这是最重要的问题，绝对不可以听错。

如前文所述，释迦牟尼佛告诉我们，这副名为南无阿弥陀佛的特效药，弥陀已经把它制造出来放在手边了。于是，在听闻亲鸾圣人教义的人之中，就有人听错了这一点，以为“既然去往极乐的特效药已经做好了，那大家死后就都能去极乐了。”

他们似乎是把药已经做好这件事，和病已经治好这件事混为一谈了。

但是，无论多么有效的特效药，如果不吃下去的话，疾病就无法痊愈，这是理所当然的事情。

那么，要怎样才能吃下南无阿弥陀佛这副特效药呢？这就成为了我们最想知道的事情。

要想询问关于弥陀所制的特效药“南无阿弥陀佛”的事情，唯有询问弥陀的弟子——释迦牟尼佛这一个途径。

对此，释迦牟尼佛也十分了然。他反复地、明确地教导我们说:“弥陀制造的特效药，是全凭‘闻’来吃下的妙药。”

因此，无论是亲鸾圣人还是莲如上人，都断言说“佛法极尽于听闻（要得到弥陀的誓言所说的拯救，唯有依靠“闻”)”。

在世间，一说到宗教，大多数人的印象可能都是什么“信者得救，要相信神”、“要有信仰之心”、“要祈祷”、“要礼拜”之类的吧。

而一说到佛教，就会联想到修行、坐禅、瞑想、祈愿等等，这样的人也不在少数。

然而,名医弥陀其实早就看穿了:古今中外所有的人，都既没有相信神、佛的心，也没有祈祷、礼拜的心。

我们人的相信之心、祈祷之心到底有多么虚假呢？对此，有这样一个笑话。

“趁着我哄住金毗罗，赶快把孩子生下来！”

有一对夫妇，过着吃了上顿没下顿的生活。妻子快要分娩了，痛得一边呻吟一边在家里满地打滚。

因为家里太穷，别说医生，就连助产妇也请不起。妻子这么痛苦，丈夫实在看不下去，于是跑到院子里打了一桶井水兜头浇下，开始向他一直信仰的金毗罗大神求救：“南无金毗罗大神，现在我老婆难产，疼得满地打滚，求您赶快让她把孩子平安生下来吧，求求您了。”

水浇了好几桶，又伏在地上三拜九叩，可是妻子还在痛苦地呻吟着。

他想，只是这样祈求，不供奉东西大概还是不行。可是家里又没有什么可以上供的东西，只好许愿说：“金毗罗大神，如果靠您的力量平安生下孩子，我一定供奉您一对铜制的牌楼。求求您，求求您啦！”

他祈祷的声音很大，屋里的妻子听见了，担心起来，也顾不得阵痛了，大声叫道：“铜制的牌楼那么贵，万一真的一下子生出来怎么办？”

丈夫回过头来，满不在乎地说：“少罗嗦！趁着我哄住金毗罗的时候，还不赶快把孩子生下来！”

丈夫用井水清洁身体，又三拜九叩地向神祈祷“如果孩子平安生下来，就供奉一对铜牌楼”，表面上看起来，是一副虔诚的样子。

然而，他的“祈祷”中其实隐藏着自私的盘算，想着“先跟神说供奉牌楼，等孩子生下来还不是我说了算。”

到实现自己的愿望为止，都一直装出一副诚心诚意的样子，等到愿望实现了就转头不认账。有这种虚假不实之心的，并非只是这个丈夫一个人吧。

可能有人会说，“那种人怎么能算信徒呢。我的信仰和祈祷都是非常虔诚的。”

的确，也有人不是像刚才所说的笑话里的丈夫那样，想要去欺骗神佛，而是在非常认真地相信的。

“就没有哪位神，能拯救没有祈祷之心的我吗?”

日本明治时代的文豪国木田独步是一名基督徒，因为得了肺结核，年仅36岁就死去了。他在去世之前，留下了一段充满悲泣的记录。

国木田躺在茅崎市南湖疗养院的病床上，对当初他成为基督徒时的受洗牧师——植村正久诉说自己的苦闷。在记录中，他这样写道:

“氏云唯祈祷。云祈祷可解决一切事。极容易之事也。

“然余不能祈祷。非涌自衷心之祈祷，主亦不能容也。祈祷之词虽极简易，祈祷之心却难，甚难得之。

“谁来救此不能祈祷之心耶?”[*8]

（祈祷的话语虽然简单，但是在死亡带来的不安与恐惧面前，我却没有相信神的心，也没有向神祈祷的心。有没有谁，有没有谁来拯救我这个连向神祈祷的心都没有的人呢？明明心底无法相信，却让我去向神祈祷，这怎么可能做得到呢?!）

最后他说，“谁来救此不能祈祷之心耶?”（就没有哪一位神，能够拯救连祈祷之心都没有的人吗？）

如果像国木田那样，认真地凝视自己的内心，就会发现对于神或佛这样的存在，我们其实既没有纯粹的相信之心，也没有纯粹的祈祷之心。

名医弥陀早就看穿了，古今中外的全人类，都是既没有相信之心，也没有祈祷、系念之心，根本无法认真地坐禅、瞑想的人。

看穿了所有人实相的弥陀，在经过深思熟虑之后得出了结论——要想拯救所有的人，唯有通过无条件的拯救，因此弥陀才发下了无条件拯救我们的誓言。

我们听闻这无条件的弥陀誓言，在清楚得知弥陀的誓言“是真实的”、“不是谎言”，被弥陀誓愿不思议所拯救的闻即信之一念，“对死后黑暗之心”的疾病就会彻底痊愈，得到无上的幸福。

这就是在闻信“原来弥陀的拯救是无条件的”一念获救，极尽于听闻的教义。

那么，所谓听闻，是指怎样的听法呢？

“听”，就是认真地听，深入地理解接受

亲鸾圣人将“听”与“闻”严格地区分开来，教导我们这两个字有着完全不同的含义。

首先，“听”指的是直到于一念治愈“对死后黑暗之心”的疾病、获得无上幸福为止，我们所经历的路程。

也就是从讲说弥陀誓愿（誓言）的佛教老师那里，认真地听“弥陀誓言”的本、末，并且深入地理解、接受。

“弥陀誓言”的本和末就是说：

弥陀发下誓言的对象，是什么样的人？

弥陀发誓要给与怎样的拯救？

弥陀发誓要如何拯救？

弥陀为了实现自己的誓言，是怎样做的？

等等……

认真地听，正确地理解这些内容，就是“听”。

无论是谁，只要认真去听就会发现，自己虽然在听弥陀的誓愿，但是却很难真正地理解、接受。

必然会涌出怀疑、反驳的心：

“我不觉得自己是那种被一切诸佛舍弃的极恶之人。”

“像我这样的人，怎么可能得到无上的幸福呢?”

“无法相信南无阿弥陀佛这六个字里，有那么了不起的力量。”

“像我这样的人，是不是已经没救了?”

等等。

越是听，越是不断涌出对“弥陀誓愿”的疑云。

出现这样的怀疑之心，正是在认真听“弥陀誓愿”的证明。

然而，弥陀本来就是在对这些全都了如指掌的基础上，才制造出了能够破除这些疑心的特效药——南无阿弥陀佛。

因此，这些疑惑心于一念（瞬间）彻底消失的时候必定会到来。

直到对“弥陀誓愿”的疑心于一念彻底消失为止，认真地听这个弥陀的誓愿，这就是听闻的“听”。

“闻”，是指疑心尽消、难治之症痊愈的一念

接下来，听闻的“闻”，指的是对“弥陀的誓愿”疑心尽消的一念。

我们于一念闻信弥陀完成南无阿弥陀佛这副特效药的“本、末”，成为来世必能往生极乐净土之身。这一念，就被称为“闻”。

关于“闻”，亲鸾圣人明确告诉我们：对弥陀誓愿“无有疑心”，就是“闻”。为什么亲鸾圣人说的是对弥陀的誓愿“无有疑心”，而不是“无疑心”呢？“无疑心”和“无有疑心”，到底有什么不同呢？

比方说，问朋友“能不能借给我100万？”朋友拒绝说，“我没有100万。”

朋友这样说的话，在5年后或是10年后，说不定能够借给你这笔钱。

因为他以后可能会有意想不到的收入。

但是，如果朋友拒绝的时候是说，“100万？对我来说

●听　闻

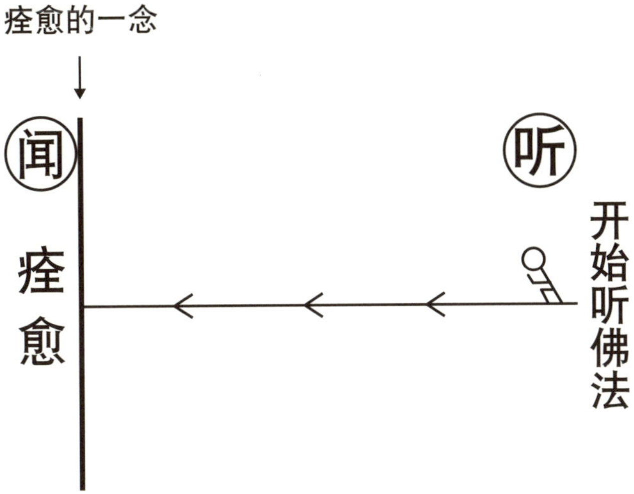

“听”是指直到痊愈为止听佛法的路程。
“闻”是指疑心尽消、难治之症痊愈的一念之时，用竖线表示。
痊愈后，会怀着感谢之心，情不自禁地听闻佛教。

拥有100万是不可能的事情。”那就意味着今后不管过了多少年，从这位朋友那里借到钱的可能性都是零。

“无”，说的是现在的情况，将来或许会“有”。

亲鸾圣人所说的“无有”，则是指将来也“绝无‘有’的可能”，所以这两个词差别很大。

亲鸾圣人所说的“对‘弥陀的誓言’无有疑心”，就是指对“弥陀誓言”的怀疑永远消失。

这一念，是我们听闻佛法之路的终点，也是人生的目的完成的时候。

亲鸾圣人就是把这无明业障之病（“对死后黑暗之心”的疾病）彻底痊愈、成为无上幸福之身的一念，称为“闻”。

第 5 章

痊 愈

难治之症的患者——所有人

↓

名医的介绍人——释迦牟尼佛

↓

名医——阿弥陀佛

↓

特效药——南无阿弥陀佛

↓

第 5 章

痊愈——无上的幸福

↓

道谢

有助于理解《叹异抄》全貌的譬喻故事,第五个要点。

【5】 吃下特效药，难治之症被彻底治愈，患者非常高兴。

关于名医制造出来的特效药,已经在第4章里讲解过了。

依照名医的指示，于闻之一念吃下南无阿弥陀佛这副特效药的话，“对死后黑暗之心”的疾病就会彻底痊愈。

此时，“不知道死后会怎样的心”完全消失，清楚得知死后必定去往极乐净土，生而为佛。

这被称为“往生一定”（具体解释请参照第4章）。因为是于一念确定往生，所以也被称为“一念往生”。

如果清楚得知自己未来确定无疑会去往无量光明土（极乐净土），我们从现在开始就会活在无上的幸福之中，感受到“生而为人真好”的喜悦。

亲鸾圣人的教义＝平生业成

在日本,一般人都以为亲鸾圣人的教导是“只要念佛，大家都能够往生极乐净土成佛。”

所以很多人都把死去的人称为“佛”。比如把身份不明的尸体说成是“无缘佛”。

然而，这并不是《叹异抄》里讲说的亲鸾圣人真正的教义。

亲鸾圣人从来都没有说过，无论是谁死后都能够往生极乐。

只有在活着的现在彻底治愈无明业障之病（对死后黑暗之心）、得到了永远的幸福的人，死后才能够往生极乐净土成佛——这才是亲鸾圣人的教导。

所以，亲鸾圣人比任何人都更加明确地劝导我们:“要在活着的现在（平生）赶快治好‘对死后黑暗之心’的疾病，得到无上的幸福。”

因此亲鸾圣人的教义被称为“平生业成”。

平生业成这个词,就相当于亲鸾圣人教义的一面招牌。

一说起平生业成，就是专指亲鸾圣人的教义；一提到亲鸾圣人的教义，只要回答平生业成就能得到满分。

“平生”这个词，一般是指“平时”或者“一生”的意思。而亲鸾圣人所说的平生，意思是“并非在死后，而是在活着的现在、此刻”。

业成的“业”，指的是治疗无明业障之病（对死后黑暗之心）。

●平生业成

平生	=	活着的时候
业	=	治疗 “对死后黑暗之心的疾病”
成	=	完成、达成

平生业成，是表达了亲鸾圣人全部教义的词语。

因为在人生中，没有比治疗这个疾病更重要的事业了，所以“业”字表达的是“人生的大事业”。

业成的“成”，意思是完成、达成。因为吃下南无阿弥陀佛这副特效药的话，人生的大事业（治愈“对死后黑暗之心”的疾病、得到无上的幸福）就会得以完成，所以用“成”字来表达。

亲鸾圣人毕生都在教导我们:“人生有一个一定要完成的大事业。那就是治愈‘对死后黑暗之心’的疾病，得到无上的幸福。这是在活着的现在就能够完成的，所以要抓紧时间赶快完成。”

这就是亲鸾圣人的教义被称为“平生业成的教义”的理由。

亲鸾圣人在29岁的时候，获得了拯救

亲鸾圣人在29岁的时候,依靠弥陀的誓言获得了拯救，得到了无上的幸福。

苦恼不断的人生从此转变为活在永恒幸福中的人生，出于这样的欢喜，直到90岁去世为止，亲鸾圣人毕生都在尽情高呼:“诚哉！弥陀的誓愿!”（是真的！是真实的!弥陀的誓愿不是谎言!）

无明业障之病（对死后黑暗之心）彻底痊愈，亲鸾圣人全身都洋溢着无法用笔墨形容的无尽欢喜。他在《叹异抄》中告白说：“每一个今天都无比宝贵，现在的每一次呼吸更是令人感激不已。呼气吸气都觉得不可思议。弥陀的誓言，完全是为了亲鸾我一人!”

得到了大火烧不毁、洪水冲不走、盗贼偷不去、无论何时都溢满全身的无上幸福，圣人不由得感激涕零：“不可称说不思议，功德充满亲鸾身。”——这是亲鸾圣人充满欢喜的告白：无法形容、无法讲说、甚至连想象都无法想象的幸福，一直溢满我的全身。

而且，“这绝不是我亲鸾一个人的事情”，亲鸾圣人向所有的人呼吁：“不分人种、性别、年龄、贫富、美丑，与才华、能力、学问、经验等等全然无关，所有人都能获得弥陀誓愿（誓言）的拯救，得到永远的幸福。”

当然，在这所有人之中，也包含身心有障碍的人、为重病而苦恼的人、因濒临死亡而痛苦的人。

对于这样的人，亲鸾圣人也满腔热忱地鼓励说：“你也一定能得到这无上的幸福，感受到生而为人的欢喜。因为弥陀的拯救是于一念达成的，任何时候都不会为时已晚。”

所有的人，都会于闻之一念得到拯救，获得无上的幸福——这“弥陀一念的拯救”,正是《叹异抄》最大的魅力。众多的哲学家、知识分子之所以被《叹异抄》吸引，想必也是因为惊叹于这“一念的拯救”吧。

而我们通过这一念的拯救所获得的无上幸福，在《叹异抄》第7章中，被称为“无碍之一道”。

疾病痊愈的世界——“无碍之一道”

无碍之一道是什么意思呢？无碍的“碍”,意思是障碍。是指欲望、愤怒等烦恼，以及各种各样阻碍我们得到幸福的障碍。

所谓“无碍”，并不是说这些“障碍全都消失了”。

而是说，得救之后会清楚地得知:“障碍（烦恼、罪恶）已经不再成为障碍，无论自己何时死去，都必能往生极乐净土。”

“一道”，就是指“唯一的世界”。

人生中有各种各样的难关——苦难、困难、灾难等等，到死为止难度海的波浪都不会断绝。

即使已经被拯救，获得了无上的幸福，我们由烦恼构成的实态也不会改变，所以还是有可能卷入各种纠纷、失去重要的人或物品、因为生病而痛苦……这些都不会有丝毫改变。

亲鸾圣人明确告诉我们，即使进入了无碍之一道，欲望、愤怒、嫉妒、怨恨等烦恼也都依然存在，到死为止都既不会减少，也不会消失。

所谓“人”，无明烦恼溢满我等之身，欲亦多、嗔怒嫉妒之心多而无间断，直至临终一念，不止不消不绝。

（亲鸾圣人）

但是所有这一切障碍，在得救之后都不再成为障碍。这是用语言无法表述、说明，甚至连想象都无法想象的世界。亲鸾圣人就是把这样的世界称为“无碍之一道”。

痛苦转为欢喜——颠覆常识的幸福

《叹异抄》里告诉我们，存在着这样一个世界:欲望、愤怒、嫉妒、怨恨等烦恼（痛苦），全都会原封不动地转化为菩提（欢喜）。

这在佛教里被称为“烦恼即菩提”。“菩提”，就是指欢喜的心。

“烦恼会原封不动地转化为欢喜”——这样不可思议

的世界，要以任何人都能理解的方式解释出来是极其困难的事情,不过大家或许可以通过下面这个例子来想象一下。

有一个生长在山村里的少年，每天都要独自翻越一座山去上学。

有时因为参加课外活动放学晚了，夜晚的山路会荒凉得令人害怕。夏天，太阳会火辣辣地照在身上；冬天，风雪会毫不留情地打到身上，有时甚至被强劲的风雪吹得只能蹲在路上，完全无法前行。

如果遇到下雨，山坡转眼间就会水流如注，变成瀑布。

“啊,要是学校离家再近一点……要是没有这座山……该有多好。”

他痛恨道路的遥远和山路的荒凉。

不久，从别的学校转来了一位可爱的少女，没想到她居然和自己住在同一个村庄。

从此，两个人总是一起上学放学，一路上谈论学校的遥远、山路的荒凉等等，成了很好的朋友。

有一天,他们放学回家,刚出校门不久就遇上了阵雨，而且看起来不会很快就停。

只有女孩带着伞，两个人只好合撑一把伞前行。意外的亲近让少年一路上心跳不已，不由在心中暗自企盼:“雨不要停……”、“要是山再荒凉一点……路再远一点……该有多好。”

曾经那样怨恨道路的遥远、山路的荒凉，这些虽然都没有丝毫改变，现在却不再让他感到任何痛苦。雨中难行的山路所带来的痛苦，似乎反而变成了快乐。

虽然这样的感受只是暂时的，但是每个人或多或少都有过这样的体验吧。

自古就说，“涩柿之苦涩，转化为甘甜。”越是涩味重的柿子，晒干之后就越是甘甜。

犹如经过日晒，涩柿子的苦涩会原封不动地转化为甘甜，得救之后，痛苦会原封不动地转化为欢喜，这在佛教里称为“转恶成善”——恶（痛苦）转成善（欢喜）。

就是说，即使是令人痛苦的事实，也会转变为幸福的种子。这实在是颠覆常识的幸福。

曾经带来痛苦、悲伤，令人觉得“自己是世界上最不幸的人”，因而诅咒社会、憎恨他人的种子，现在却变成了令人欢喜幸福的种子。即使面对逆境也报以微笑，赞叹这世界如此光辉灿烂。那些曾经历过的痛苦岁月，如今也都可以在笑谈中轻松回顾。

这是多么不可思议的无上幸福啊。

亲鸾圣人把烦恼和欢喜的关系，比喻为冰与水的关系。

冰块如果小的话，融化出的水也会很少。

如同冰（烦恼）的体积越大，融化出的水（欢喜）越多一样，满身烦恼，就是满心欢喜。

亲鸾圣人说，这就是“障（烦恼）若多则德（欢喜）亦多。”

这就像是碳变成钻石一样。

漆黑廉价的煤炭和昂贵耀眼的钻石，虽然在价值上有着天壤之别，但是构成的元素却同样都是碳。如果把同样由碳元素构成的石墨，放在1000度以上的高温和5万气压以上的高压的环境里，就会变成闪亮的钻石。

那么，为什么我们能得到“烦恼（罪恶、障碍）转为菩提（幸福、喜悦）”这超乎想象的幸福呢？亲鸾圣人感激涕零地告诉我们：这完全是由于特效药——南无阿弥陀佛的不可思议的功效。

全人类的终极目的

佛教告诉我们，一旦“对死后黑暗之心”的疾病彻底治愈，得到了无上的幸福，欲望、愤怒、嫉妒、怨恨等烦恼就完全不会成为障碍。

亲鸾圣人又用下面这个比喻，把这个无碍之一道的世

界教给了我们:

夜晚没有太阳，所以无论整个天空是否被云雾覆盖，四周都是一片黑暗。

然而,一旦太阳出来,即使整个天空依然被云雾覆盖，云雾下面的黑暗也会彻底消失。

亲鸾圣人通过夜晚（没有太阳出来）和白天（有太阳出来）的区别，想要为我们阐明什么事情呢？那就是被弥陀拯救之前和拯救之后，到底有什么不同，“烦恼”会变成怎样。

首先解释一下，这个例子具体比喻的是什么。

“夜晚(没有太阳出来)”,指的是尚未得遇弥陀的拯救，还存在着“对死后黑暗之心”的时候。

“云雾”，比喻的是欲望、愤怒、愚痴等108个烦恼。

“整个天空都覆盖着云雾”，比喻的是人由烦恼构成的实态。

“太阳出来”，是指依靠弥陀誓言获得了拯救，“对死后黑暗之心”彻底消失。

即使太阳出来了，覆盖着整个天空的云雾（烦恼）也不会有丝毫改变。

但是尽管整个天空依然覆盖着云雾，因为阳光不会受任何云雾的阻碍，所以黑暗——“对死后黑暗之心”也会彻底消失。

亲鸾圣人在这段话中以极其巧妙的比喻教导我们：只要用南无阿弥陀佛的特效药彻底治愈了无明业障之病，就会像无论有多少云雾覆盖天空，都无法阻挡阳光一样，烦恼丝毫都不会成为无上幸福的障碍。

一切苦恼都会转为安乐，在不自由之中尽享自在的自由——这无碍之一道，正是古今中外的全人类一直在追求不已的终极目的。

“如众水入海一味”——落到地表上的雨水，不管落到多么高的山顶上，即使会在水池或湖泊中暂时停留，也终将汇聚到大大小小的河流里，最后流入大海，成为同一种味道。

亲鸾圣人告诉我们，就像百川归于大海成为一种味道一样，不分人种、性别、职业，一旦被弥陀的誓言所拯救，无论贫穷还是富有，无论有无才能，无论是否身心健康，所有的人都能够进入这无碍之一道，得到无上的幸福。

《叹异抄》中记载的，就是这样的一个世界。

●“对死后黑暗之心的疾病”痊愈前后的不同

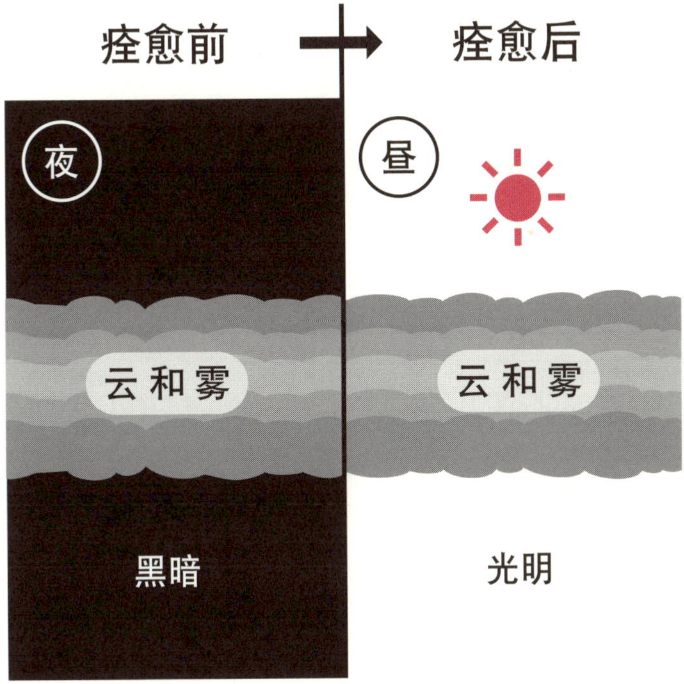

亲鸾圣人通过这个譬喻告诉了我们，
被弥陀拯救之前和拯救之后，
到底会有什么样的不同。

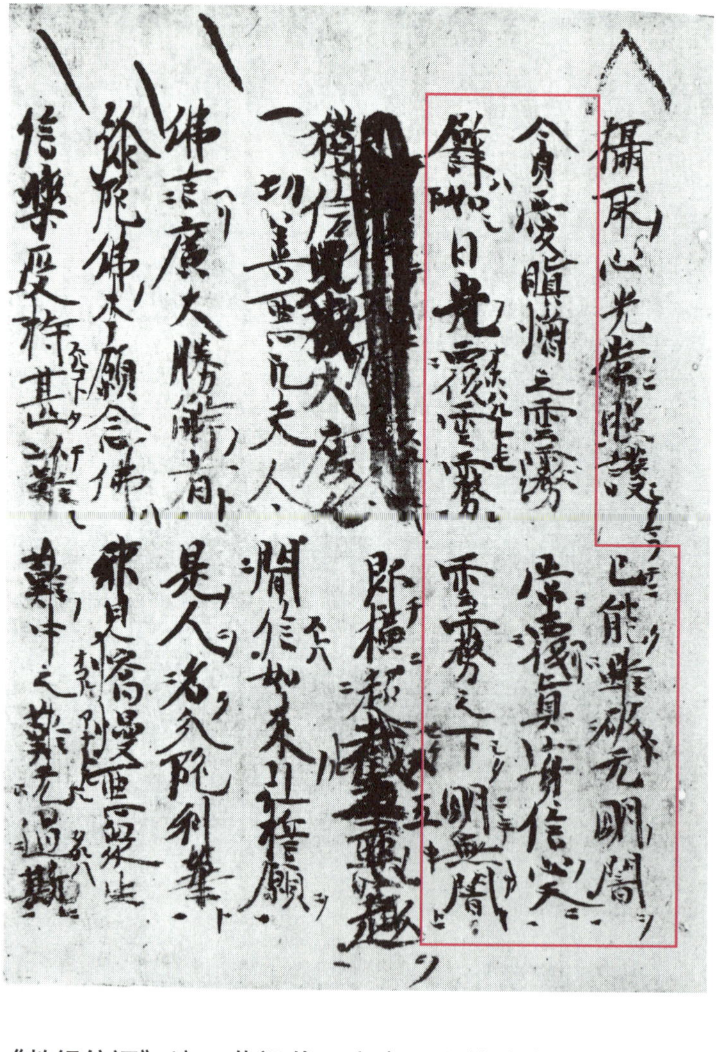

《教行信证》这一节记载了亲鸾圣人的这个绝妙的比喻。写着“云雾之下明无闇”。

第6章
道谢

难治之症的患者——所有人

↓

名医的介绍人——释迦牟尼佛

↓

名医——阿弥陀佛

↓

特效药——南无阿弥陀佛

↓

痊愈——无上的幸福

↓

第6章

道谢——念佛

有助于理解《叹异抄》全貌的譬喻故事，第六个要点。

【6】 难治之症得以痊愈，
患者深深感谢名医和介绍人的恩情，
情不自禁地说出感谢的话语。

治好了长久以来一直让我们痛苦的无明业障之病（对死后黑暗之心），得到了无上的幸福的话，就会得知名医弥陀、介绍人释尊，以及将这个教义传达给自己的人们的恩德，产生深深的感谢之心。

感谢的话语——“南无阿弥陀佛”

感谢的话语，会根据表达谢意的对象而有所不同。比如，对日本人会说“a ri ga tou”，对美国人会说“Thank you”，对法国人会说“Merci”，对中国人会说“谢谢”。

而对弥陀表达感谢的时候，感谢的话语则是“南无阿弥陀佛”。在口中称念“南无阿弥陀佛”，就叫做念佛。

这个感谢的话语之所以会和特效药的名字相同，是因为我们是从弥陀那里得到南无阿弥陀佛这副特效药而获救的。出于“谢谢您给我南无阿弥陀佛这副特效药”的感谢之心，作为感谢的话语情不自禁地称念南无阿弥陀佛，这就是念佛。

然而，仔细反省自身就会发现，我们人其实连对弥陀表达感谢的正确话语是什么都不知道。

我们以为是自己在念佛，但是其实，表达感谢的念佛也是弥陀给予的。

因为就连表达感谢的念佛都是由弥陀的力量（他力）让我们称念的，所以这被称为“他力的念佛”。

世间有一种普遍的误解，以为“只要念佛，谁都可以往生极乐，这就是亲鸾圣人的教导”。（在《开启叹异抄》第2部第3章有详细解说）

但是，亲鸾圣人劝导我们称念的念佛其实是“感谢的念佛”，也就是依靠弥陀的誓言获得了无上的幸福，为感谢弥陀的拯救而称念的念佛。所以，“只要念佛就能得救”，就等于是说，“只要道谢就能治好病”。不会有人说这种离谱的话吧。

“赶快吃下南无阿弥陀佛这副特效药，治愈‘对死后黑暗之心’的疾病，得到无上的幸福，成为称念感谢的念佛之身”——这才是亲鸾圣人真正的教导。

亲鸾圣人自己是在29岁的时候得到了拯救，进入了无碍之一道的世界。之后，为了传播这个真实的幸福，直到90岁去世为止，圣人一直都在讲说弥陀的誓愿（誓言）这一件事情，并且写下了《教行信证》六卷，流传后世。

被拯救为无上的幸福，这份欢喜，究竟有多大呢?

亲鸾圣人经常这样说:“弥陀的大恩，即使粉身也报答不完。释尊以及历代佛教老师的恩德，即使碎骨也报答不尽。”无尽的欢喜，化作了无尽的报恩之心。通过圣人这由衷的感叹，我们也可以略窥一二。

熊熊烈火中保护下来的《教行信证》

大约500年前，莲如上人的弟子本光房也是以同样炽热的报恩之心，保护了圣人写下的净土真宗根本圣典——《教行信证》。

那是在日本福井县的吉崎寺院遭遇大火时发生的事情。

将亲鸾圣人的教义传遍了日本全国的莲如上人，当时把吉崎寺院做为弘法的基地。

有一天，吉崎寺院突然燃起了大火。

莲如上人此时已年过六十，日常行动都已经有些不便。听到有人大喊“着火啦!”上人非常震惊，来不及带什么东西就跑到了屋外。然而马上，他就忍不住失声大叫:

“糟了！”

原来，上人把正在阅读的亲鸾圣人亲笔书写的《教行信证》忘在了起居间里，没有带出来。

无论是谁，都难免有疏忽大意的时候。

对于自己的重大疏忽，上人极为自责，他不顾生命危险，转身就要冲进大火里去取。

弟子本光房看到后，喊了一声“上人，交给我吧”，就一个箭步冲进了浓烟滚滚的烈火之中。

钻过地狱般的烈焰，本光房终于到达了上人的起居间。看到《教行信证》依然安在，本光房跑过去紧紧把它握在手里，这才放下心来。

然而，这时候已经来不及逃出去了。

烈火已经延烧到四面八方，断绝了他的一切退路。

“要保护好《教行信证》，让莲如上人安心，看来今日我只有捐躯于此了。”

本光房下定了决心，从怀中取出短刀，用刀在腹部划开一个十字，把圣典深深地塞进了脏腑深处。然后，他俯卧在地，任凭火焰灼烧自己的身体……

火终于熄灭了。本光房的遗体静静地卧在上人的起居间处。

在烧焦的遗体里面，人们发现了虽被鲜血染红，却安然无恙的《教行信证》。

莲如上人抚摸着本光房的遗体，忍不住流下了热泪：“本光房啊，你所守护的《教行信证》，必将成为永世的明灯，引导人们获得真正的幸福。”

上人滚滚流淌的泪水，映着夕阳闪闪发光……

本光房保护下来的这本《教行信证》，后来被称为“血染的圣典”、“腹藏的圣典”，一直留存至今。

第7章
《叹异抄》开篇的话语

读懂了这句话，就会读懂《叹异抄》全文

在之前的章节里，通过譬喻故事为大家讲解了《叹异抄》的全貌。

《叹异抄》之所以让众多读者为之倾倒，不仅是因为它格调高雅、文笔优美，具有古典文学的魅力，更因为这本书的内容里，蕴含着对古今中外的全人类来说最为重要的事情。通过之前的论述,相信大家已经感受到了这一点。

最后将要和大家一起拜读的，是《叹异抄》开篇的一句话。这是非常重要的一段文字，甚至可以说，只要正确理解了这句话的意思，就能够读懂《叹异抄》的全部。

（原文）

信"被弥陀誓愿不思议所拯救，必遂往生"，欲念佛之心发起之时，即获摄取不舍之利益也。

（《叹异抄》第1章）

在这句话中，亲鸾圣人讲说了他于一念（瞬间）被弥陀的誓愿所拯救，获得了无上幸福时的不可思议的心境。

接下来,笔者将一边回顾前文所讲述的关于《叹异抄》全貌的譬喻故事的内容，一边对照譬喻故事，详细地解读亲鸾圣人的这句话语。

被弥陀誓愿不思议所拯救

首先，开篇第一句中的“被弥陀誓愿不思议所拯救”是什么意思呢?

关于弥陀的誓愿，在第3章已经详细解释过，这是指大宇宙中唯一的名医阿弥陀佛的誓言。

弥陀以自己的生命为担保，向所有人发下誓言说:“一定要治好你们痛苦的根源——‘对死后黑暗之心’的疾病，让你们得到无上的幸福”。

所以,《叹异抄》中这句“被弥陀誓愿不思议所拯救”，意思就是“依靠这不可思议的弥陀誓言，亲鸾我已经获得了誓言中所说的拯救，得到了无上的幸福”。

也就是说，弥陀治愈“对死后黑暗之心”这个疾病，让我们得到无上的幸福，是在我们活着的时候。这在前文中已经讲过多次了。

信“必遂往生”

接下来，信“必遂往生”是什么意思呢？

亲鸾圣人所说的“必遂往生”，是指现在得到了弥陀的拯救的话，死后必定能去“往”极乐净土，“生”而为佛。因为是在得到拯救的现在就清楚地得知这件事情，所以亲鸾圣人说“信”必遂往生。

也就是说，在活着的现在，依靠弥陀不可思议的誓言获得了拯救的人，会清楚得知自己死后必定去往极乐净土生而为佛。

因为弥陀的拯救有两次，一次是在活着的现在，一次是在死后。

这叫做“现当二益”。

“现”，是指“现在”活着的时候。“当”，即“当来”，指的是“死后”。

“益”，是“幸福”、“拯救”的意思。因为弥陀的拯救有今生与死后这两次，所以亲鸾圣人的教义被称为现当二益的教义。

于今生彻底治愈“对死后黑暗之心”的疾病，获得无

●现当二益

现 ＝ “现在”，指活着的时候

当 ＝ “当来”，指死后

二 ＝ 两次

益 ＝ 幸福、拯救

于今生彻底治愈“对死后黑暗之心”的疾病，
获得无上的幸福；
死后去往极乐净土，生而为佛。

上的幸福；死后去往极乐净土，生而为佛。

阿弥陀佛的拯救有这样的两次。

“因为只有在现世获得拯救的人,死后才会得到拯救，所以要在活着的现在，赶快依靠弥陀的誓言彻底治愈‘对死后黑暗之心’这个疾病，得到无上的幸福。”这，就是亲鸾圣人的教导。

那么,“信”必遂往生的“信”字，又是什么意思呢?这里的“信”字，是“毫无疑心、清楚知道”的意思。

一般我们所说的“相信”，其实都是在有怀疑的情况下才会使用的。

比如说,“你的学习成绩非常优秀，所以我相信你一定能考上○○大学。”

“相信明天的比赛，必定会和专家们预想的一样，是○○队获胜。”等等。

像这样，我们都是对于还不确定的事情，带着“说不定会猜错”的怀疑，使用“相信”这个词的。

相反地，对于已经清楚知道的事情，我们不会说“相信”。

比如，曾经被火严重烧伤的人，不会说“我相信火是热的”。因为他已经通过亲身体验,清楚知道了火的灼热。

然而，《叹异抄》里所说的“信”，却是指对于死后往生极乐净土“没有丝毫怀疑，明确知晓”。

所以大家一定要知道，这里所说的“信”，与我们平常说的那种带有怀疑的“相信”，是完全不一样的。

下面，让我们来确认一下刚刚解释过的原文吧。

（原文）

信“被弥陀誓愿不思议所拯救，必遂往生”。

〔释义〕

清楚地得知了“自己被弥陀不可思议的誓言所拯救，于活着的现在得到了无上的幸福，死后必定能去往极乐净土生而为佛。”

欲念佛之心发起之时

接下来，“欲念佛之心发起之时”，又是指什么样的心境呢？

“欲念佛之心发起之时”，表达的是被弥陀所救摄的一念（瞬间）时的心境。

这指的是口中称念“感谢的念佛”之前的瞬间。

这里是非常容易弄错的地方。很多人都把它误解为“念

第一声佛的时候”，以为“亲鸾圣人的教义是只要念佛就能得救的教义”。（详见《开启叹异抄》第2部第1章）

但是其实，所谓“欲念佛之心发起之时”，指的是“对死后黑暗之心”这个疾病彻底治愈，被弥陀牢牢救摄，得到绝对的幸福的一念。

即获摄取不舍之利益也

最后，亲鸾圣人说，“即获摄取不舍之利益也”。

“即”指的是“对死后黑暗之心”的疾病被治愈，得到了无上幸福的一念。

“获摄取不舍之利益也”，则是圣人在断言“我得到了摄取不舍之利益”。

关于摄取不舍之利益，在本书的第3章已经讲过，摄取不舍就是“牢牢地救摄，绝对不舍弃”的意思。利益，是指“幸福”。

“被弥陀牢牢地救摄，绝对不会改变的幸福”，就是“摄取不舍之利益”。这正是本书中经常提及的无上的幸福。

关于“摄取”的“摄”字，亲鸾圣人告诉我们，这个字具有“不停地追赶再追赶，直到追赶的对象再也无处可逃时予以拯救”的含义。

古今中外的所有人，即使听到弥陀在誓言里说要无条件地拯救我们，使我们得到无上的幸福，也只是怀疑、揣度、反驳，背对着弥陀四处逃窜。

然而，名医弥陀和介绍人释尊，却从来都没有放弃，一直以坚毅的忍耐和无比的耐心引导我们，直到治愈“对死后黑暗之心”的疾病，让我们得到无上的幸福。

打个比方来说，有一只小狗掉进了山区的蓄水池里。它拼命地挣扎，想要爬上来。但是蓄水池周围都砌着陡峭的石墙，大约有两三米高。靠小狗自己的力量，是根本不可能爬上来的。

而且，蓄水池很大，大约有2000张榻榻米大小（相当于3300多平方米)。现在池底的水量少还好,一旦下起雨来，小狗马上就会被淹死。

很快，得知消息的救援人员就赶来了。

救援人员下到蓄水池底部，想要接近小狗，但是小狗只是时不时偷看他一眼，非常谨慎地不肯靠近。即使把食物投过去，小狗也只是四处逃窜，很难抓住它。

即便如此困难，救援人员也没有放弃。他有时追赶小狗，有时蹲在地上引诱小狗过来，然而小狗却只是一味地害怕，还是在四处逃窜。

尽管如此，救援人员依然以极强的耐心，时而追赶、时而静待，想出各种方法策略，终于在小狗再也无处可逃的时候，把它救了起来。

笔者也知道，把人比喻成小狗是十分失礼的事情，这一点还请读者海涵。之所以讲说这个例子，是为了让大家明白，直到我们获得拯救、得知“弥陀誓愿不思议”为止，弥陀、释尊运用各种方便，不知多么辛苦地引导我们。通过故事里直到把小狗追到无处可逃、最终救起为止，救援人员所付出的种种辛苦、忍耐，或许可以窥见一斑。

700年前唯圆写给我们的“书信”

在得救之前，亲鸾圣人也曾和我们一样，充满怀疑、四处逃逸。而最后，他终于得知了“弥陀的誓言是真实的”，获得了无上的幸福。得救之后的亲鸾圣人给我们留下了这样的话语：“‘对死后黑暗之心’的疾病被彻底治愈的话，就会获得真正的幸福。而这个真正的幸福，你也一定能够得到！”

为了将这个内容传达给后世的我们，唯圆所写下的书信，正是《叹异抄》。

读到这里的读者，毫无疑问是已经收到了来自唯圆的这封信，得知了亲鸾圣人寄语的幸福之人。

这条通往无上幸福的道路——极尽于听闻之路，是所有人共通的路程。

当然，在人生中，每个人都会遇到各种各样的事情。不仅有欢喜、快乐的事情，也会有痛苦、悲伤的事情。

但是，当你得知了这个无上幸福的时候，迄今为止人生中的一切就都有了意义,任何事情都不会是徒劳无益的。

在文章的最后，送上我们衷心的祝愿。

希望下一个和亲鸾圣人一样，得知“弥陀的誓言是真实的”、获得无上幸福的人，就是您。

结 语

《叹异抄》。

据说是由亲鸾圣人的弟子唯圆所著。

从字里行间可以看出，唯圆想要把亲鸾圣人教导的真正的幸福，正确传达给后世的拳拳之心。

人，最终必定会死去，却为什么无论多么痛苦都一定要活下去?

《叹异抄》中揭示的，正是所有人渴求的“人为什么活着”的答案。

为了将《叹异抄》里蕴含的真实教义传达给大家，我们撰写了这本《叹异抄》的入门书。

或许同样的内容在书中反复出现，会令读者感到繁琐。但因本书的定位是入门书，以浅显易懂为宗旨，所以对一些重要的地方不厌其烦地做了解释说明。敬请各位读者谅解。

在本书中多处提到的《开启叹异抄》一书，不仅对《叹异抄》的原文做了现代文翻译，还以亲鸾圣人著作的原文为根据，对《叹异抄》的内容做了明白易懂的解说。

衷心希望各位读者能以本书为基础，进一步熟读《开启叹异抄》，获得亲鸾圣人明示给我们的无上的幸福。

著者记

附 录

亲鸾圣人简介

1173年——生于京都(日本平安时代末期)。

9岁——出家，入佛门。

圣人4岁即丧父，8岁时又失去母亲。幼年时代痛失双亲，这使圣人惊讶地意识到死亡也在步步逼近自己，于是，为了解决生死大事，他年仅9岁就剃度出家，成为了比叡山天台宗的僧侣。在山上，圣人全心全力按照法华经的教义刻苦修行了20年，却由于未能解决生死大事，于29岁时挥泪离开了比叡山。

29岁——依靠阿弥陀佛的本愿，实现人生目的。

下山后不久，圣人即遇到法然上人，得知了真实的佛法——阿弥陀佛的本愿。依靠弥陀的本愿，圣人终于得以解决生死大事，实现了人生的目的。他随即拜法然上人为师，开始全力弘扬弥陀本愿。

31岁——吃荤娶妻。

为了阐扬弥陀本愿广度一切众生的真意，亲鸾圣人于31岁时公然吃荤娶妻。这在当时的佛教界引起轩然大波，使其备受四面八方的责难和攻击。

35岁——被流放越后(新潟县)。

圣人35岁时，遭遇了日本佛教史上最严厉的弹压。在这次弹压中，亲鸾圣人最初被判死罪，后改为流放越后(今新潟县)。在风雪严寒的越后之地苦度五个春秋之后，圣人来到关东(今东京一带)，在此处大力弘扬弥陀的本愿，使真实佛法传遍关东大地。

60岁后——从关东回到京都。

圣人返回京都后，直到90岁去世为止，一边宣扬弥陀的本愿，一边致力于写作。圣人最重要的著作为《教行信证》,其他还有《净土和赞》《高僧和赞》《正像末和赞》《愚秃钞》《唯信钞文意》《一念多念证文》等多部著作。

1263年——90岁圆寂。

莲如上人简介

1415年——生于京都(日本室町时代)。

莲如上人诞生于亲鸾圣人去世150年之后，是本愿寺第七代宗主存如的长子。

35岁——前往关东(今东京一带)弘法。

青年时代的莲如上人，在穷困的生活中努力修习佛法。35岁时，他去往关东弘法。据说，由于莲如上人一直都是穿着草鞋步行传法，所以草鞋的细绳在上人脚上留下了深深的印迹，直到上人去世都没有消失。

像这样，净土真宗的教义是由亲鸾圣人彻底阐明，由莲如上人一步一个脚印地传播开来的。

43岁——继承本愿寺，成为第八代宗主。

莲如上人大力弘法，出现了很多佛缘深厚的门徒。

47岁——在四处奔波弘法之余，开始以书信形式传播佛法。

莲如上人的主要著作名为《御文章》，是上人写给弟子和门徒们的书信。

莲如上人看清了本愿寺荒废的原因在于没有讲说教义，于是发奋用心钻研亲鸾圣人最重要的著作《教行信证》，写下了很多明白易懂的书信。这些书信都是莲如上人数十年刻苦钻研的心血结晶，有二百余封留存至今。

弟子以及门徒们收到上人的书信，就会抄写转发，这样一传十、十传百,《御文章》作为千百个莲如上人的化身，将佛法传到了日本全国各个角落。

1499年——85岁圆寂。

由于莲如上人的辛苦弘法，净土真宗（亲鸾圣人的教义）一跃成为日本佛教界最大的宗派，并一直延续至今。

出典

*1 松野尾潮音《生活中的信仰4》(《中外日报》1963年8月6日)

*2 司马辽太郎《司马辽太郎讲演全集》1、朝日新闻社、2000年

*3 司马辽太郎《十三世纪的文章语言》(《这个国家的形态》2、文艺春秋、1990年)

*4 仓田百三《一枚起请文・叹异抄》大东出版社、1934年

*5 岸本英夫《凝视死亡之心》讲谈社、1973年

*6 托尔斯泰(著),中村白叶、中村融(译)《忏悔》(《托尔斯泰全集》14、河出书房出版社、1982年)

*7 夏目漱石《模仿与独立》(《现代日本的开化等》教育出版、2003年)

*8 国木田独步《独步病床录》(《独步丛书》10、新潮社、1925年)

作者简介

高森显彻

1929 年出生于日本富山县。龙谷大学毕业。

长期以来在日本及海外各地举办讲演会，并执笔写作。

著作有《人为什么活着》《向着光明•100 束鲜花》《开启叹异抄》等。

《人为什么活着》《向着光明•100 束鲜花》中文版已在中国和台湾出版发行。

高森光晴

1953 年出生于日本富山县。长期以来在日本及海外各地举办讲演会，现任净土真宗学院院长。

大见滋纪

1974 年出生于日本东京都。净土真宗学院高级讲师。

南无阿弥陀佛是什么
名著《叹异抄》入门

簡体字版『歎異抄ってなんだろう』

作　者　高森 显彻
高森 光晴　大見 滋纪

著 者　高森 顕徹
高森 光晴　大見 滋紀

译　者　《南无阿弥陀佛是什么》翻译组

訳 者　『歎異抄ってなんだろう』翻訳チーム

発行所　株式会社 1万年堂出版
〒101-0052　東京都千代田区神田小川町 2-4-20-5F
電話　03-3518-2126　FAX　03-3518-2127
https://www.10000nen.com/

印刷所　TOPPAN株式会社

令和5年(2023)10月14日　第1刷発行

ISBN978-4-86626-083-9 C0095
本书若有印装质量问题，出版社负责调换。

《開啟歎異抄——解答人生大哉問的佛法智慧》

（繁体字版）

佛学名著《叹异抄》解说书。
日文原版『歎異抄をひらく』销量已超过 65 万册。
被翻译成英文、葡萄牙语等多种语言。

作者　高森显彻

《叹异抄》中揭示的，
得到了阿弥陀佛拯救的不可思议的世界
——“获摄取不舍之利益”“无碍之一道”
是怎样的世界？
“为什么无论多么痛苦都一定要活下去？”
在充满不安、障碍重重的世界里，
《开启叹异抄》为我们解答了这个人生最大的疑问。

定价 1650 日元　页数 248　ISBN 978-4-86626-080-8

读者感想

我的丈夫在 85 岁时因患癌症去世了，我顿时失去了心灵的依靠。在那个时候我买了这本书，感觉到圣人所说的「善人尚且得遂往生，何况恶人哉」这句话里，有着非常深邃的含义。当我读完这本书的时候，我的佛教观也随之改变了。而且我感觉到，自己的人生彷佛也得到了拯救。
（大阪府 女 77 岁）

我感到物质文明的不断发展所带来的幸福已经到了极限。而在这本书里，我感觉能够找到真正的幸福是什么的答案。希望有更多的人能阅读这本书。
（北海道 男 49 岁 公司职员）

《人为什么活着》（简体字版）

被誉为“挽回最多生命的一本书”。
日文原版『**なぜ生きる**』长销 22 年，发行量近百万册。
被翻译成英文、韩文、俄文、葡萄牙语等多种语言。

“每天都是同样的周而复始，
这样的人生到底有什么意义？”
“在这个无常的世界里，
究竟有没有不会崩溃的幸福？”
“人活着的目的是什么？”
本书通过释迦牟尼佛的智慧之语、
净土真宗祖师亲鸾圣人的语录，
以及无数文学家、思想家对生命的解读，
回答了这些让我们困惑不已的人生命题。

作者 高森显彻
明桥大二
伊藤健太郎

定价 1050 日元　页数 272　ISBN 978-4-925253-40-6

读者感想

《人为什么活着》一书内容很丰富，介绍了古代的、现代的、西方的、东方的哲理和事例，阐述了很多如何做人的具体道理，也给出了许多警示，深入浅出，很有说服力和感染力。这些都会让读者受益。

中国读者，乃至整个中国社会需要《人为什么活着》这类的书。

（北京市 男 61 岁 私企经营者）

我个人认为世界上有用的书主要分为两类，第一种是为人所熟读后就为人所丢弃的书，这种书往往是在某一段短暂而特定的时间里给予读者最大的知识，当这些知识被读者所接受、融会、贯通后就失去了其本身的价值。第二种是可以陪伴人一生的书，这种书往往伴随着人的成长，在某一点时间，某一段时间给予某些人以特别的人生启示，它将永远不会失去其自身的价值。

《人为什么活着》应该成为第二种书，它是一本可以伴随着每个人走完自己人生的书。

（上海市 男 29 岁 IT 管理）